生活技能 314

開始在捷克
自助旅行

作者◎露露(黃以儒)

太雅

「遊捷克鐵則」

☑ **捷克人不喜歡被稱東歐！**

　　這與歷史有關係，捷克已經脫離共產政權，建議遊客可以使用「中歐」一詞，或直接稱捷克。

☑ **進門記得說Hello，離開時說聲Bye Bye**

　　捷克人習慣不論進餐館或是店鋪，都會跟店員、司機打招呼，如果不會用捷克語打招呼，只要說聲Hello和Bye Bye，就很好用了！

☑ **來捷克一定要品嚐捷克啤酒！**

　　啤酒是捷克人的驕傲。捷克的啤酒世界知名，捷克人飲酒量世界第一，來捷克一定要品嚐一杯。

☑ **公共場所全面禁菸！**

　　從2017年開始，捷克的公共場所一律禁止吸菸。

☑ **見面親臉是兩下不是三下**

　　捷克的親臉習俗不像法國，在捷克是一邊親一下，在法國則是親三下。

☑ **道地捷克人多是咖啡色頭髮，不是金髮喔！**

　　不要以為路上每個金髮美女都是捷克人，基本上都是俄羅斯和烏克蘭裔。而道地的捷克人則是咖啡色頭髮居多。

☑ **去餐廳一定要先看好帳單再付費喔！**

　　餐廳內的標價基本上都不含小費，小費基本上約5～10%，但是現在很多店的標價都會含10%小費，結帳前千萬要看清楚，小心別付了兩次小費。

☑ **行人優先，過馬路一定要走斑馬線！**

　　在捷克，行人基本上是第一優先，不過一定要走在斑馬線上，所有汽車才會禮讓行人優先通過。但若是遇到電車，行人也要先禮讓電車。

☑ **公廁基本上都要付錢！**

　　在捷克不像台灣，公廁都要付錢，費用大約是5～10克朗。

☑ **衛生紙請丟入馬桶！**

　　在捷克如廁後，衛生紙都可以往馬桶裡沖，可別像在台灣一樣丟入垃圾筒喔！

遊捷克必備單字

▲ 在捷克廁所有很多種說法，如：Toaleta、Záchod，如果不知如何用捷克語表達，可直接說WC

中文	捷克語
您好(尊稱或與陌生人打招呼)	Dobrý den
早安	Dobré ráno
午安	Dobryé odpoledne
晚安	Dobrou noc
謝謝	Děkuji
非常感謝	Děkuji moc
再見	Nashledanou
請	Prosím
不客氣(非常正式)	Není zač
不客氣(一般情況)	Prosím
對不起(正式的道歉)	Omlouvám se
對不起(一般情況的道歉)	Promiňte
借過	S dovolením
沒關係	To je fine / To nic
請問一下	Prosím vás
旅途愉快	Šťastnou cestu
祝你有美好的一天	hezký den
祝您用餐愉快	Dobré chutnání! / Dobrou chuť
是	Ano
不是	Ne
我不明白	Nerozumím
我不知道	Nevím
啤酒	Pivo
再來一個／再來一次	Ještě jedno
乾杯	Na zdraví
遲到	Později
太好了	Skvělé

中文	捷克語
當然	Samozřejmě
幫忙／求救	Pomoc
您可以幫我嗎？	Můžete mi pomoc?
我可以幫您嗎？	Můžu vám pomoci?
多少錢？	Kolik to stojí?
結帳	Zaplatím
廁所在哪裡？	Kde je toaleta?
您有市區地圖嗎？	Máte mapu města?
您有英文菜單嗎？	Máte anglické menu?
等一下	Počkejte
一點點	trochu
×××的捷克語該怎麼說？	Jak se česky řekne ... ?
請您寫下來	Můžete mi to napsat, prosím.
我的護照／包包丟了	Ztratil jsem pas / tašku.
您來自哪裡？	Odkud jste?
我來自台灣	Jsem z Taiwanu.
您會說英文嗎？	Mluvíte anglicky?
我不會說捷克語	Nemluvím česky.
您好嗎？	Jak se máte?
我很好	Mám se dobře.
您叫什麼名字？	Jak se jmenujete?
我叫彼得	Jmenuji se Petr.

遊捷克Q&A

Q1 布拉格夜晚治安安全嗎？

　　基本上治安沒有什麼問題，只是布拉格的夜生活多半以酒吧、夜店為主，入夜後比較多的醉漢在路上，如果女性獨自行走，需稍加留意。

Q2 捷克人是不是都很冷漠？

　　捷克人確實不像南歐人般的熱情，但是安穩守法，所以不要被他們冷漠的外表給欺騙了。

Q3 在捷克換錢是不是會有風險？

　　在捷克換錢確實有很大的風險，因為捷克銀行的手續費以及匯率過高，因此給予民間換匯所許多生存的空間，建議大家要去換錢之前可以先參考本書P.33。

Q4 不會捷克語旅遊會有問題嗎？

　　過去在捷克旅遊，語言確實是很大的問題，現今捷克政府提倡英語教育，所以會說英文的人口大幅度的提升，再加上翻譯軟體的盛行，所以現在來捷克玩，語言已經不是很大的問題了。

Q5 獨自一人遊捷克，需要注意什麼？

　　一般來說，一個人自助旅行與多人自助旅行所需要注意的事情一樣，都是要顧好重要財務及證件。現在也有許多人透過網路社團找伴，但出發前請先跟旅伴聊一聊，慎選旅伴。

看懂標誌

POZOR!
(注意標誌)

地鐵標誌
(箭頭符號代
表地鐵，綠
底表示地鐵
綠線)此站為
Staromstska

郵局標誌

KOUŘENÍ
ZAKÁZÁNO
(禁菸標誌)

Akce
(打折的標誌)

ZDRAMA
(免費的標誌)
圖中意思為買2送1

車廂開門鈕

TAM(推)

SEM(拉)

Přízemí (0樓)
0樓等於台灣的一樓

作者序

　　捷克位於歐洲地理中心,族群除了捷克人,也有俄羅斯人和德國人和越南人,受到東歐的俄羅斯文化和中西歐,以及共產文化的影響,這讓捷克在文化上表現出多元的特色,也加深捷克文化的厚度。除了文化多元外,捷克的歷史背景也讓人一再玩味,在過去,因捷克拒絕參與戰事,使得捷克成為歐洲古蹟保存非常良好的國家,捷克有許多聯合國文化遺產,這些歷史痕跡使得捷克相對於其他歐洲國家更有味道。

　　如何在短短的幾天內,就能深度旅遊捷克,一直是我在思考的問題。捷克對於台灣人來說,有別於英語系國家,在文化上相對陌生,因此如何讓旅人更貼近捷克的生活便是本書想要傳遞的訊息。

　　本書將從人文、地理、歷史聊起,更重要的是分享生活觀察,以及風俗習慣。例如,街上賣紀念品的攤販或是換錢所多半是俄羅斯人或土耳其人經營,反而進入非觀光區遇到的捷克人較多;站在景點前,玩家除了拍照外,也可以細細體會捷克歷史與生活的關聯,例如現今的布拉格洲際酒店曾經是卡夫卡的住所,相信這些豐富內涵的歷史景點一定能讓你們有身歷其境的感受。

　　在捷克生活的期間,除了了解捷克人的生活方式,也有許多當地旅遊的一手資料,希望透過本書的撰寫,提供各位詳細又簡潔的旅遊資訊,以及最在地的旅遊情報,讓玩家更輕鬆自在的遊玩捷克。

關於作者

露露(黃以儒)

　　台灣屏東人,從在捷克讀書、工作、結婚、生子,轉眼人生三分之一的時光都獻給了捷克,在捷克的日子不僅完成了許多人生的大事,也透過不斷探尋和摸索認識捷克與捷克人。

　　捷克,一個與台灣不論氣候、語言、文化截然不同的地方,確實值得花時間多做停留及了解。希望我能將我在捷克生活的經驗,帶給各位熱愛自助旅行的旅人一些收穫,也希望將我在捷克最真實也最精采的感受與你們分享。

So Easy 314

開始在捷克自助旅行

作　　者　　露露(黃以儒)
攝　　影　　王苑諭

總 編 輯　　張芳玲
發想企劃　　taiya旅遊研究室
編輯部主任　張焙宜
企劃編輯　　林孟儒
主責編輯　　翁湘惟
封面設計　　何仙玲
美術設計　　何仙玲
地圖繪製　　何仙玲

太雅出版社
TEL：(02)2882-0755　　FAX：(02)2882-1500
E-MAIL：taiya@morningstar.com.tw
郵政信箱：台北市郵政53-1291號信箱
太雅網址：http://taiya.morningstar.com.tw
購書網址：http://www.morningstar.com.tw
讀者專線：(04)2359-5819 分機230

出 版 者　　太雅出版有限公司
　　　　　　台北市11167劍潭路13號2樓
　　　　　　行政院新聞局版台業字第五○○四號

總 經 銷　　知己圖書股份有限公司
　　　　　　台北：台北市106辛亥路一段30號9樓
　　　　　　TEL：(02)2367-2044／2367-2047　FAX：(02)2363-5741
　　　　　　台中：台中市407工業30路1號
　　　　　　TEL：(04)2359-5819　FAX：(04)2359-5493
　　　　　　E-mail：service@morningstar.com.tw
　　　　　　網路書店：http://www.morningstar.com.tw
　　　　　　郵政劃撥：15060393
　　　　　　戶名：知己圖書股份有限公司

法律顧問　　陳思成律師

印　　刷　　上好印刷股份有限公司　　TEL：(04)2315-0280
裝　　訂　　大和精緻製訂股份有限公司　TEL：(04)2311-0221

初　　版　　西元2020年01月01日
定　　價　　350元
(本書如有破損或缺頁，請寄回本公司發行部更換，或撥讀者服務專線04-23595819)

ISBN　978-986-336-361-3
Published by TAIYA Publishing Co.,Ltd.
Printed in Taiwan

國家圖書館出版品預行編目(CIP)資料

開始在捷克自助旅行 / 黃以儒作. -- 初版.
-- 臺北市：太雅，2020.01
　面；　公分. -- (So easy；314)
ISBN 978-986-336-361-3(平裝)

1.自助旅行 2.捷克

744.39　　　　　　　108018004

編輯室提醒

出發前，請記得利用書上提供的Data再一次確認

雖然本書的作者與編輯已經盡力，讓書中呈現最新最完整的資訊，但是必要的時候，請多利用書中的電話，再次確認相關訊息。

資訊不代表對服務品質的背書

本書作者無法為所有餐廳服務生，或任何機構的職員背書他們的品行，甚或是費用與服務內容也會隨時間調動，所以因時因地因人，可能會與作者的體會不同，這也是旅行的特質。門票和交通票券的價格若出現跟書中的價格有微小差距，請以平常心接受。

新版與舊版

太雅旅遊書通常修訂時，還會新增餐廳、店家，重新製作專題，所以舊版的經典之作，可能會縮小版面，或是僅以情報簡短附錄。不論我們作何改變，一定考量讀者的利益。

謝謝眾多讀者的來信

歡迎讀者將你所知道的變動後訊息，善用我們提供的「線上讀者情報上傳表單」或是直接寫信來taiya@morningstar.com.tw，讓華文旅遊者在世界成為彼此的幫助。

太雅旅行作家俱樂部

如何使用本書

本書是針對旅行捷克而設計的實用旅遊導覽書。設身處地為讀者著想可能會面對的問題，將旅人會需要知道與注意的事情通盤整理。專治旅行疑難雜症：辦護照、購買機票、出入境手續、行李打包、搭乘交通工具、行程安排、打國際電話、選擇住宿、APP的使用，本書全都錄。提供實用資訊：必買必吃、玩樂景點、交通工具比較分析表，讓相關連絡資料與查詢管道不再眼花撩亂。

▼**行家祕技**
內行人才知道的各種撇步及玩樂攻略等資訊。

▶**貼心小提醒**
作者的重要叮嚀、玩樂提示與行程嘮叨，叮嚀你記得旅程中的細節。

▲**Step by Step圖文解說**
不管事出入境、租車、搭乘火車、購買交通票等方式，都有文字及圖片搭配，步驟化說明，按部就班不出錯。

豆知識
延伸閱讀，在旅途中可以增加趣味性的小常識。

路上觀察
當地的街頭趣味、城市觀察、特有文化專欄解說。

捷克特色餐點
推薦來到捷克必嘗的特色美食，在地人最喜愛、特色料理如何食用，各式各樣的類別豐富美味，等你來品嘗。

布拉格分區導覽
本書介紹布拉格城堡區、小城區、猶太區、舊城區、新城區與高堡區，導覽最精采的景點，並搭配詳細地圖，過程中充滿樂趣又玩得安心。

漫遊捷克小鎮
提供來到捷克一定要造訪的6個精采小鎮，倘若時間足夠，一定要盡情領略捷克的人文風情。

目 錄

12 認識捷克

24 行前準備

40 機場篇

54 交通篇

74 布拉格市區交通

86 住宿篇

資訊符號解說

符號	說明	符號	說明
✉	地址	◷	開放、營業時間
☎	電話	➡	交通方式
FAX	傳真	⁉	重要資訊
$	費用	@	E-mail
http	網址	MAP	地圖
⌂	景點	🛍	購物
🍴	餐廳	🚌	巴士
🚆	火車		

認識捷克
About Czech

捷克，是個什麼樣的國家？

來到捷克，你會發現不僅異國風情濃厚，更像是掉入歷史的洞穴，時間緩慢地展現在你的眼前。

捷克因為沒有地震，以及少有戰爭波及，至今路上隨處可見上百年的建築。

本篇將從地理、歷史、人文、語言、氣候等方面介紹捷克，讓你迅速了解她的風貌。

捷克速覽

捷克距離台灣將近一萬公里。

捷克位於歐洲中心區域,是一個內陸國,東南西北分別有4個鄰國,北邊為波蘭,西北邊是德國,南邊則為奧地利,東南方是斯洛伐克。

▶ **捷克小檔案 01**

歷史 | 一戰結束後,獨立建國

早期捷克的領土只有波希米亞地區(布拉格及布拉格北邊),而後與摩拉維亞地區(捷克南部)一同納入於神聖羅馬帝國。之後由強大的奧匈帝國接管,一直到西元1918年一戰結束後,捷克斯洛伐克獨立建國,並結束了長達600多年的王朝統治。最後終成為獨立國家。

▲護城塔現今樓成為布拉格城中範圍的歷史標誌

大事件年表

神聖羅馬帝國時期	1002年,納入神聖羅馬帝國
	14世紀,查理四世統治,建設了查理大橋、查理大學及聖維特大教堂
	1419年,發生第一次「扔出窗外事件」,導致宗教改革家胡斯被燒死,引起歐洲宗教革命
哈布斯堡家族時期	1526年,由哈布斯堡家族統治,納入奧匈帝國的一部分
	1618年,發生第二次「扔出窗外事件」,導致爆發三十年戰爭,影響現今歐洲的國家劃分
	1620年,以布拉格Obora Hvĕzda為起點的白山之役爆發。每年9月中,捷克政府會在Obora Hvĕzda舉辦重演白山之役的活動,象徵捷克在歐洲歷史上的地位
1918年	第一次世界大戰結束,奧匈帝國瓦解,捷克與斯洛伐克於1918年10月28日合併為捷克斯洛伐克共和國
1948年	捷克斯洛伐克結束德國納粹侵襲,隨即迎來共產黨統治
1968年	捷克斯洛伐克發生要求民主改革的布拉格之春,但最後在蘇聯的軍事鎮壓下以失敗收場
1993年	捷克與斯洛伐克解體成兩個獨立國家,獨立後沿用10月28日作為獨立日,9月28日作為建國日
2004年	加入歐盟成為正式會員國

＊製表／黃以儒

地理 ┃ 土地為台灣兩倍大

捷克土地約為台灣的兩倍大，人口數則是台灣的一半。捷克的組成由原捷克的土地「波希米亞」、南方「摩拉維亞」和靠近波蘭的「西里西亞」(由一戰以後分給捷克)三個部分構成。

☕ 豆知識

捷克為何叫捷克？

在遠古時代有一名姓捷克的男子，帶著族人尋找一片豐盛肥沃的土地。當他們爬上Sněžka山，環看四周後，決定將此豐饒地區命名為捷克，作為他們的領域。

▶ 捷克第一高峰 Sněžka

捷克基本情報

捷克首都：布拉格，約150萬人

捷克產業：鋼鐵工業、旅遊業以及啤酒業

人口組成：捷克人、斯洛伐克人、俄羅斯、烏克蘭人、越南人、波蘭人及德國人

宗　　教：早年為羅馬天主教及新教；共產統治後，現今較少人信奉宗教

官方語言：捷克語

貨　　幣：克朗

最 高 峰：斯涅日卡峰(Sněžka)，海拔為1,602公尺

主要河流：主要河流是北邊的伏爾塔瓦河和南邊的摩拉瓦河

人口總數：1,060萬人 (約台灣一半)

人均年所得：2萬8,000美金(消費水平與台灣相近)

政治：單一制議會制，2013年總統全面直選

■ 捷克小鎮
● 各省分首府

德 國
Germany

波 蘭
Poland

Liberec

Liberecký kraj

Ústí nad Labem

Ústecký kraj

卡羅維瓦利
Karlovy Vary

Hradec Králové

Středočeský kraj
布拉格
Praha

Královéhradecký kraj

波傑布拉迪
Poděbrady

Pardubice
Pardubický kraj

Karlovarský kraj

Moravskoslezský kraj

皮爾森
Plzeň

波西米亞瑞士國家公園
Bohemian Switzerland

庫塔赫拉
Kutná Hora-Sedlec

Ostrava

Plzeňský kraj

Olomoucký kraj

Budějovický kraj

Kraj Vysočina
● Jihlava

特奇Telč

Zlínský kraj

● Zlín

傑斯凱布提約維次
■ České Budějovice

Jihomoravský kraj

克倫洛夫
Český Krumlov

斯洛伐克
Slovakia

捷克地圖

奧地利
Austria

▶ **捷克小檔案 03**

節慶故事 | 當地的特殊習俗

女巫節(4月30日)

捷克從中世紀開始就有女巫的傳說,相傳4月30日這一天,女巫的法力達到最高,因此人們會在山丘上點燃營火自保,從而衍生出焚燒女巫的誤解,今日的「燒女巫」也成為當地熱鬧的慶典。大家會扮成女巫的樣子,到山上舉辦烤肉營火晚會,並焚燒用稻草做成的女巫。

捷克情人節(5月1日)

世紀捷克浪漫派詩人卡爾馬古曾作抒情詩〈五月〉,勾起了捷克人對於5月1日浪漫的嚮往。直到現在,每年的這一天,布拉格的佩特斯公園到處都是一對對的戀人。

▲ 相傳只要在5月1日到櫻花樹下親吻,就可以相愛一輩子

聖瓦茨拉夫節(9月28日)

▲ 國家博物館前的聖瓦茨拉雕像,聳立於此,成為帶領人民的精神象徵

聖瓦茨拉夫節是慶祝豐收的節日,也是捷克的建國之日。傳說,不管在多麼黑暗的時期,只要瓦茨拉夫公爵騎著馬前來,揮舞手中的劍,所有的敵人就會退去,因此黑夜會消失,黎明會升起。在瓦茨拉夫紀念日這一天,人們會喝著葡萄酒慶祝,祈求今年風調雨順,穀物豐收。

聖尼古拉斯節(12月5日)

聖尼古拉斯節也是捷克的萬聖節,因為這一天街上到處有人扮演天使、惡魔及聖尼古拉斯,發送糖果表揚孩子們,或是處罰調皮搗蛋的小朋友。

▶ **捷克小檔案 04**

氣候及各季休閒活動 | 四季分明,早晚溫差大

捷克四季分明,夏天不算太熱,但冬天較為寒冷。早晚溫差大,最多可以達20度的溫差。

	冬季12~2月	夏季6~8月	春季3~6月/秋季9~11月
平均溫度	–10~5℃	20~30℃	5~20℃
日照時間	07:00~16:00	05:00~21:00	06:00~18:00
穿著	保暖大衣+圍巾+輕便的衣服+手套	體感乾熱,著基本夏裝	涼爽微冷,著輕便防風大衣+圍巾
室內空調	室內有暖氣,大衣裡面不需要穿太厚	一般住家都沒有安裝冷氣	10月起公共空間會開啟暖氣;約3月底復活節後關閉暖氣
特例	一般來說,捷克冬天氣溫不會太低,但寒冬時氣溫會達–20℃	夏天氣溫有時會高達38℃,持續3~4天後,便會短暫降雨	一般復活節前後是捷克的雨季,記得一定要帶傘
休閒活動	滑雪、溜冰、聖誕市集、11月底~1月底的折扣月	划船、湖邊游泳、享受日照時間到21:00的時光、卡羅維瓦利電影節、8月的夏季折扣	春季:踏青賞櫻、野餐、復活節、布拉格音樂季。秋季:品葡萄酒

*製表/黃以儒

認識捷克

▶ 捷克小檔案 05

航程 | 距離台灣16～18小時，需轉機

從台北前往捷克有很多選擇，可從上海、北京、仁川、杜拜、阿姆斯特丹等，轉機到布拉格，加上轉機總飛行時間大約16～18個小時。

▲ 布拉格機場第二航廈

▶ 捷克小檔案 06

時差 | 台灣時間減6或7小時

一般捷克的時間是GMT+1，但從3月最後一個週日凌晨2點，到10月最後一個週日凌晨1點59分實行夏令時間，時間須提前一個小時GMT+2。

台灣時間	捷克夏季時間 (台灣−6小時)	捷克冬季時間 (台灣−7小時)
12:00	06:00	05:00
18:00	12:00	11:00

▶ 捷克小檔案 07

營業時間 | 捷克人是歐洲的小蜜蜂

捷克的商店除了幾個特定的大型國定假期會休息之外，其餘的營業時間採取全年無休制。營業時間見右表。

▶ UGO是捷克著名的輕食連鎖餐廳，主打健康飲食

店鋪	營業時間
超市	07:00～22:00(偏遠地區約20:00)
市中心的迷你超市	06:00～00:00(部分店家24小時營業)
購物商店	10:00～21:00
購物中心	09:00～21:00
一般餐廳	11:00～23:00
咖啡館(包含星巴克)	08:00～21:30(市中心部分店家07:00營業)
小酒館	11:00～01:00
連鎖速食店	07:00～00:00 (火車站與巴士站附近的麥當勞、KFC為24小時營業)
換匯所	09:00～20:00/21:00
銀行	09:00～17:00(週末休息)
地鐵站人工售票處	06:00～20:00(12:45～13:15午休，週末休假)
郵局	08:00～19:00／20:00(週末休息) 郵政總局：02:00～00:00(週末正常營業)

＊製表／黃以儒

以下節日除部分餐廳開放外，連超市都強制休息，因此建議旅客於前一天準備好食物及水，以免找不到東西吃。

日期	節日名稱
1月1日	新年
4月初	復活節
5月8日	解放日
9月28日	聖瓦茨拉夫節
10月28日	捷克斯洛伐克獨立日
12月24日	聖誕夜(只上班半天)
12月25、26日	聖誕節

＊製表／黃以儒

捷克的樓層標示

捷克的樓層跟其他歐洲國家一樣，0樓指的是亞洲國家的1樓，也就是平面層；而1樓指的是亞洲國家的2樓，為平面層的上1樓。

台灣1樓	捷克0樓	přízemí
台灣2樓	捷克1樓	první patro

▶ 捷克小檔案 08

貨幣 | 1捷克克朗：1.4～1.5台幣

　　捷克雖然於2004年加入歐盟，但至今依然使用捷克克朗。捷克克朗與台幣比大約1：1.5。目前在台灣無法更換到捷克克朗，所以需持歐元或美金，再到捷克國內的換匯所更換(相關換匯資訊請參考P.33)。除了以下介紹的貨幣，捷克還有5,000克朗面額的紙鈔，但市面上已不太流通。

▲20克朗：波西米亞公爵普熱米斯爾‧奧託卡一世(1155～1230)

▲50克朗：波西米亞的聖艾格納斯(1211～1282)

◀100克朗：神聖羅馬帝國的查理四世(1316～1378)

◀200克朗：哲學家，教育家，作家，約翰‧阿摩司‧誇美紐斯(1592～1670)

◀500克朗：女作家，鮑日娜‧聶姆曹娃(1820～1862)

◀1,000克朗：史學家，政治家，弗朗茨什克‧帕拉茨基(1798～1876)

◀2,000克朗：女高音歌唱家艾米‧黛絲汀(1878～1930)

▶ 捷克小檔案 09

治安 | 提高警覺，但無需過度緊張

　　捷克的治安基本上沒有問題，多加小心也可以放鬆遊玩。只是在捷克要提防「小偷」，以下是露露在此生活多年的經驗，請玩家們多留意。

- ■ 包包要記得隨時拉上，在擁擠的地方(如地鐵等)，請將包包放置身體前方。
- ■ 隨時留意身邊的情況，小偷多半採取集體行動，最好避開人群。
- ■ 在餐廳用餐時，請勿將包包放在椅背後，也勿將手機放在桌上。

▲觀光區常見騎馬巡邏的警察

▶ 捷克小檔案 10

電壓 | 220V，需轉換插頭

　　捷克與其他歐洲國家一樣，電壓同樣為220V，插頭也與其他多數歐洲國家相同，為前端兩隻圓形的金屬。一般而言，筆記型電腦、手機及相機都有內裝變壓器，可以直接接上轉接插頭；但一般電器如吹風機，並沒有附變壓器，請先裝上變壓器再使用。

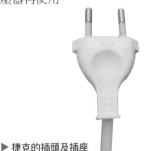 

▶捷克的插頭及插座

▶ 捷克小檔案 11

飲水 | 可以直接飲用自來水

　　來捷克遊玩，可以直接飲用水龍頭裡的自來水，如果不習慣的玩家，可以在一般超商買瓶裝水，1公升約台幣20元。一般來說，捷克的餐廳沒有提供免費的茶水，單點水的價格，0.5公升大約台幣60元。罐裝水分為非帶氣泡以及帶氣泡。

　　帶氣泡的捷克語是perlivá voda；非帶氣泡水是neperlivá voda，購買前請先看清楚。

▲ 路上提供的飲用水裝置

▶ 捷克小檔案 12

語言 | 英文也可以通

　　捷克有自己的語言系統，稱為捷克語，傳承自斯拉夫語系，與俄羅斯語相近。捷克語的字母基本上與英文相同，發音也與羅馬拼音相似，基本上看到字母就如同看到音標。

字母	音標	字母	音標
Á á	/a/ 長音的阿	Č č	/tʃ/
Ď ď	/ɟ/	É é	/ɛ:/ 長音的A
Ě ě	/ɛ/, /jɛ/	Í í	/i:/ 長音的一
Ň ň	/ɲ/ 聶	Ó ó	/o:/ 長音的喔
Ř ř	/r/ 雪	Š š	/ʃ/
Ť ť	/c/	Ú ú	/u:/ 長音的烏
Ů ů	/u:/	Ý ý	/i:/ 長音的一
Ž ž	/ʒ/		

＊製表 / 黃以儒

▶ 捷克小檔案 13

捷克印象 | 捷克名人及代表性藝術

文學界

法蘭茲・卡夫卡(Franz Kafka)：代表作品《變形記》(Die Verwandlung)、《審判》(Der Prozess)和《城堡》(Das Schloß)。

米蘭・昆德拉(Milan Kundera)：代表作品《生命中不能承受之輕》(Nesnesitelná lehkost bytí)、《笑忘書》(Kniha smíchu a zapomnění)。

伊凡・克里瑪(Ivan Klíma)：代表作品《布拉格精神》(The spirit of Prague:and other essays)、《被審判的法官》(Soudce z milosti)。

赫拉巴爾(Bohumil Hrabal)：代表作品《過於喧囂的孤獨》(Příliš hlučná samota)、《嚴密監視的列車》(Ostře sledované vlaky)、《底層的珍珠》(Perlička na dne)、《我曾侍候過英國國王》(Obsluhoval jsem anglického krále)。

藝術界

茲德內克・米萊爾(Zdeněk Miler)：代表作品世界知名動畫《鼴鼠的故事》(Krteček)。

大衛・切厄尼(David Černý)：捷克當代著名雕塑家，擅長政治諷刺。

▲《鼴鼠的故事》是捷克最家喻戶曉的動畫

▲ 大衛切厄尼的作品《聖瓦茨拉夫騎死馬》(St. Wenceslas riding a dead horse)

音樂界

德弗札克(Antonín Leopold Dvořák)：代表作品《新世界交響曲》(New World Symphony)、《B小調大提琴協奏曲》(Cello Concerto in b minor)、《斯拉夫舞曲》(Slovansk tance)。

政治界

伊凡娜‧川普(Ivana Marie Trump)：美國第一夫人。

哈維爾(Václav Havel)：捷克前總統。

知名街頭裝置藝術

《輕微的不確定性》(Lehká nejistota)、《唐喬望尼》(Don Giovanni)、《一場戰爭的描述》(Description of a Struggle)。

電影

　　捷克的電影產業在中東歐具有領頭羊的地位，不僅有全世界知名的電影學院，每年7月更在Karlovy Vary舉行一年一度的電影盛事。對不了解布拉格這座城市的人，《有希望的人》、《布拉格練習曲》都是認識布拉格很棒的管道。

推薦 《有希望的人》(Men in Hope)：2005年，愛情喜劇片，描寫了現代捷克人的愛情觀以及生活觀。

推薦 《布拉格練習曲》(Empties)：2007年，人生喜劇片，描寫一個受夠生活的老師，尋找事業與愛情第二春的故事。

《被盜的飛船》(Ukradená vzducholod)：1960年代，捷克動畫電影，講述19世紀的捷克人如何充滿活力面對蓬勃發展的生活。

《三個老兵》(Tri veteráni)：1983年，奇幻冒險片，講述三個老先生經歷了一場奇幻的冒險，而體會到了初始生活的美好。

《布拉格的春天》(The Unbearable Lightness of Being)：1988年，改編自米蘭‧昆德拉的《生

▲ Michal Trpák所設計的《輕微的不確定性》

命不可承受之輕》。

《我伺候過英國國王》(I Served the King of England)：2006年，改編赫拉巴爾的《我伺候過英國國王》。

《類人猿行動》(Anthropoid)：2015年，戰爭片，講述第一次世界大戰時，捷克人如何正面抵抗德國入侵。

認識捷克的聖誕節與復活節

平安夜、
聖誕節

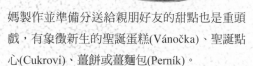

▶ 馬鈴薯沙拉和炸鯉
魚,是平安夜中最
傳統的佳肴

聖誕節前夕,人們忙著聖誕節布置,有嶄新一年之意,主要的裝飾物為槲寄生(Jmelí)。另外像聖誕紅則表示祝福健康之意。到了平安夜和聖誕節這幾天,不僅各個店家超市沒有營業外,路上行人簡直少之又少,因為大家都在屋裡慶祝聖誕節的到來。

在捷克的平安夜晚餐習慣吃炸鯉魚,並將魚鱗與硬幣放在盤子下,最後將魚鱗放進錢包裡,代表新的一年會很有錢。另外,由捷克媽媽製作並準備分送給親朋好友的甜點也是重頭戲,有象徵新生的聖誕蛋糕(Vánočka)、聖誕點心(Cukrovi)、薑餅或薑麵包(Perník)。

聖誕市集

舉辦時間大約在11月底～1月6日。

▶ 點亮舊城廣場上的聖誕樹
是每年的重頭戲,通常在11
月最後一個週末舉行

行家密技 禮物日(Boxing Day)

所謂的禮物日就是打折日,捷克的禮物日特別長,大約持續2個半月之久,通常是11月中～1月底,折扣也隨著時間進入尾聲越來越低,最多可以到1折。

▲ 在平安夜點蠟燭也是捷克人的傳統之一

代表性聖誕市集

主要聖誕市集 (觀光區)	舊城廣場(Staroměstské náměstí) 最大最具代表性	⊙每日10:00～22:00 12/24、12/25依然正常營業
	瓦茨拉夫廣場(Václavské náměstí)	
	共和廣場(Náměstí Republiky)	⊙每日10:00～22:00
	聖喬治亞廣場(St. George's Basilica)	⊙每日10:00～21:00
次要聖誕市集 (非觀光區)	和平廣場市集(Náměstí Míru)	⊙每日10:00～19:00
	地鐵天使前廣場(Anděl metro)	*這三個市集可買到聖誕樹和鯉魚
	堤勒廣場(Tylovo náměstí)	

＊製表 / 黃以儒

捷克式的
復活節

復活節是標準的基督教節日,但同時也是專屬於捷克人歡慶春天的日子。在捷克傳統中,鞭子和水是復活節兩大主角。鞭子是用柳樹樹枝編成,男生會用鞭子來輕拍女生(通常是打臀部),象徵祝福青春及長壽之意,女生也會回敬彩蛋作為禮物;而潑水則是南部摩拉維亞的傳統風俗,象徵青春和春天的到來。

復活節市集

舉辦的時間大約在每年3月中~4月初。

▲復活節到處可見鞭子和彩蛋的裝飾　　▲薑餅、兔子與彩蛋是復活市集的必備商品

代表性復活節市集

主要復活市集 (觀光區)	舊城廣場(Staroměstské náměstí) **最大最具代表性**	◎ 每日10:00~22:00 *主題活動,例如:兔子大賽
	瓦次拉夫廣場(Václavské náměstí)	◎ 每日10:00~22:00
	共和廣場(Náměstí Republiky)	◎ 每日10:00~22:00
次要復活市集 (非觀光區)	和平廣場市集 (Náměstí Míru)	◎ 每日10:00~19:00
	地鐵天使站前廣場(Anděl metro)	

＊製表/黃以儒

捷克的在地特色

▶Kino是捷克語中電影院的意思,捷克人相當愛看劇跟電影

捷克的
常見名字

捷克的
電影配音

捷克的配音技術可以算是世界第一,基本上所有電視節目、院線電影都會換上捷克配音,對於來這裡生活的外國人,可以算上捷克的奇妙景象。不過現在政府對英文相當重視,所以也慢慢改成原配音及捷克字幕。

在捷克不難發現各式各樣的同名現象,女生最多人叫Jana,男生最多人叫Jakub (每年的熱門名字都有些變化)。在捷克還有將365天與365個名字做成的日曆對照表,如果你在日曆上發現你的名字,這一天就是你名字的紀念日。

姓名日曆對照表 http ppt.cc/fzyLMx

認識捷克

捷克語指指點點

認識捷克篇

Nula 0	jeden/ jedna/jedno 1	dva, dvě 2

Tři 3	Čtyři 4	Pět 5	Šest 6

Sedm 7	Osm 8	Devět 9	Deset 10

Jedenáct 11	Dvanáct 12	Třináct 13	Čtrnáct 14	Patnáct 15

Šestnáct 16	Sedmnáct 17	Osmnáct 18	Devatenáct 19

Sto 100	dvě stě 200	čtyři sta 400	pět set 500	šest set 600	sedm set 700

osm set 800	devět set 900	Tisíc 1000	Pondělí 星期一	Úterý 星期二	Středa 星期三

Čtvrtek 星期四	Pátek 星期五	Sobota 星期六	Needle 星期日	Den 日	Týden 週

Měsíc 月	Rok 年	Dnes 今天	Včera 昨天	Zítra 明天	Kdo 誰

Co 什麼	Kdy 何時	Proč 為什麼	Kde (在)哪裡	Kam (去)哪裡	Vánoce 聖誕節

Veselé Vánoce! 聖誕節快樂	Nový rok 新年	Šťastný nový rok! 新年快樂	Velikonoce 復活節

perlivá voda 氣泡水	Sleva 打折	neperlivá voda 非氣泡水	Je to neperlivá voda? 這個是非氣泡水嗎？

行前準備
Preparation

出發前，要做什麼準備呢？

前往捷克前，除了滿心期待出去玩以外，更要在旅行前做好相關證件、護照、歐元、機票、
交通票、住宿等準備，這些事情準備就緒了，才能安心的出遊。

旅遊行程規畫

妥善利用記事本，可以更有效率的為旅行做準備。

基本事項準備

1.確定日期	詳見	待辦	已辦
跨年、復活節、聖誕節是捷克旅遊旺季。夏季氣候舒爽，適合來捷克避暑。	P.27		

2.訂機票	詳見	待辦	已辦
可利用Skyscanner、易遊網等網站進行比價，選擇適合自己預算及時間的機票。	P.32		

3.查看護照有效日期	詳見	待辦	已辦
捷克是歐盟會員國，同時也是申根國。因此持有有效期的台灣護照，不需要額外辦理簽證，6個月之內最長可停留90天。	P.30		

4.國際駕照等證件	詳見	待辦	已辦
想要租車的旅客，可以先在台灣換發國際駕照，也建議攜帶身分證，提供租車公司查證。	P.31		

5.查詢如何從機場到市區	詳見	待辦	已辦
布拉格機場到市區相當方便，可搭乘巴士、機場快捷、計程車等交通工具。	P.47		

6.先預訂微薄票、租車或國內高價機票	詳見	待辦	已辦
提早預訂，可以獲得較多優惠。	P.61		

7.換歐元及信用卡	詳見	待辦	已辦
捷克當地使用捷克克朗，雖然部分商家可以接受歐元，但匯率都不太理想。玩家可攜帶歐元或美元，到了當地再換成捷克克朗，或是用刷卡的方式結帳。	P.33		

8.訂旅館	詳見	待辦	已辦
玩家可透過Agoda、Hotels.com、Expedia、Airbnb、Booking.com等網站挑選適合的旅館。	P.88		

9.預定歌劇或音樂賞	詳見	待辦	已辦
提早預訂以免沒有位子。	無		

10.了解旅遊捷克的眉角	詳見	待辦	已辦
提前對於捷克有所了解，旅遊起來才會更深入其境。	P.12		

＊製表／黃以儒

▲人們穿著傳統服飾上街慶祝節慶

▲在布拉格隨處可見街頭藝人的表演，如果要拍照一定要給小費　　▲搭乘馬車、觀光巴士或是路面小火車環繞布拉格也是熱門的旅遊方式

捷克的節慶與假期

春	3月最後一個週五	耶穌受難日	復活節前的週五。彈性放假
	4月第一個週一	復活節	強制放假
	5月1日	勞動節／捷克情人節	彈性放假
	5月8日	解放日	強制放假
	5月12日～6月4日	布拉格之春	東歐最重要的電影盛事，於卡羅維瓦利小鎮舉行
夏	每年夏季6、7月	卡羅維瓦利電影節	東歐最重要的電影盛事，於卡羅維瓦利小鎮舉行
	6月第二個週六	布拉格博物館之夜	布拉格的博物館夜間免費開放
	6月中	五指玫瑰音樂節	於克倫洛夫小鎮舉行，為期三天。這三天會進行全鎮角色扮演，重回文藝復興時期。入城需門票
	7月5日	斯拉夫傳教士西里爾和美多德紀念日	彈性放假
	7月6日	楊胡思紀念日	彈性放假
秋	9月28日	聖瓦茨拉夫紀念日(捷克建國日)	強制放假
	10月11～15日	布拉格燈光節	每個景點區都有獨特的燈光秀
	10月28日	捷克斯洛伐克獨立日(國慶日)	每個景點區都有獨特的燈光秀
	11月17日	自由民主抗爭日	彈性放假
冬	12月5日	聖尼古拉斯節	彈性放假
	12月24日	平安夜	強制放假
	12月25日	聖誕節	強制放假
	12月26日	聖史帝芬日	強制放假
	1月1日	元旦	強制放假。當日18點有煙火秀

＊強制放假：商場及超市都不營業；彈性放假：商場和超市維持營業
＊製表／黃以儒

旅行天數規畫

因布拉格位於捷克的中心，所以捷克旅遊的特色是以布拉格為中心的擴散式玩法，基本上往其他城市的鐵路車程約兩個小時左右。

建議旅遊天數

城市	建議遊玩天數
布拉格(Praha)	3～4天
卡羅維瓦利(Karlovy Vary) →瑪莉亞藍澤(Mariánské Lázně)	2天
庫塔赫拉(Kutna Hora)	1天
波傑布拉迪(Poděbrady)	1天
克倫洛夫(Český Krumlov) →巴德傑維契(České Budějovice)	1天半
捷克瑞士國家公園(České Švýcarsko)	1天

＊製表／黃以儒

▲多數人會選擇先到布拉格，再到其他地方去玩

基本消費

和西歐國家相比，捷克的物價相當親民，大約與台北市的物價相同，如果不想隨便吃吃，想上好一點的館子吃一頓好吃的，也不會覺得特別有負擔。

品項	台幣售價	克朗售價
麥當勞大麥克套餐	129	180
星巴克拿鐵	109	152
一般咖啡店拿鐵	55	80
瓶裝水(500ml)	超市：10景點區：20	1428
可頌	10	14
三明治	60	84
烤豬腳	300	420
簡餐店	150	210

＊製表／黃以儒

▲一般咖啡店的咖啡售價約55～70克朗

8天7夜行程規畫

	Day1	Day2	Day3	Day4	Day5	Day6	Day7	Day8
白天	布拉格	庫塔赫拉	波傑布拉迪	卡羅維瓦利	瑪莉亞藍澤	布拉格	布拉格或瑞士國家公園(登山踏青)	克倫洛夫
夜宿	布拉格	布拉格	布拉格	如果只玩卡羅維瓦利，可直接回布拉格休息，若繼續前往瑪莉亞藍澤，可以在卡羅維瓦利住一晚後出發	布拉格	布拉格	布拉格	回家

＊製表／黃以儒

行前準備

預算準備

　　以下根據一人8天7夜的捷克行程做估算，主要納入住宿費、交通費、餐費、參觀門票等作基本項目，至於購物則可視個人情況自行估算。

	住宿費	交通費	餐費	門票	總額 (1克朗:1.5台幣)
小康預算	約5,250克朗 (1,500×7晚／2人) ■中上的飯店或民宿，以雙人房計算，取旅遊淡旺季的中間值	約2,310克朗 ■布拉格3天票310克朗 ■前往捷克6個城市來回票約2,000克朗	約5,600克朗 (700×8天) ■早餐：麵包＋咖啡 ■中餐：餐廳 ■晚餐：餐廳	約2,500克朗 (約10～12次的景區參觀門票) 註：捷克大部分的景點都是對大眾開放的，如果沒有想要進去逛建築物裡面，可以無需額外付費	含參觀門票約15,660克朗(台幣約21,924)
背包客預算	約3,500克朗 (500×7晚) ■青年旅館 (約4人床房型)	約2,000克朗 ■前往捷克6個城市來回票約2,000克朗	約4,000克朗 (500×8天) ■早餐：麵包＋咖啡 ■中餐：超市 ■晚餐：餐廳		■含參觀門票約12,000克朗(台幣約16,800) ■不含參觀門票約9,500克朗(台幣約13,300)

＊製表／黃以儒

路上觀察｜如何看懂捷克門牌

　　捷克的大門都會掛著兩個顏色的門牌，一個是紅色的，一個是藍色的。準確來說藍色的才是門牌，而紅色的號碼是指街區碼，千萬不要認錯了喔！以右圖這個小城區的前皮革工廠，現為餐廳為例。

地址為：Cihelná 102/2, 118 00 Malá Strana，意指：「Cihelná街」、「102街區」、「2號」、「118 00郵編碼」、「Malá Strana小城區」。

請注意 Google搜尋時記得要打上街區碼，因為有可能出現Cihelná 2號，但是是105街區等烏龍。

▲藍色才是門牌號

▲102為街區碼

準備旅行證件

出發前記得檢查證件是否到期。

護照

沒有護照的旅客或護照半年內即將過期者,需申請護照。可以先上外交部網站查詢,再自行到外交部辦理,或委託旅行社辦理(委託辦理者,需至任一戶政事務所辦理委託手續,才能交給委任代理人辦理護照)。

申辦護照所需文件、費用與天數

- 填寫護照申請書一份
- 身分證正本及正、反面影本各一份
- 白底彩色照片兩張
- 18歲以下者須備父或母或監護人之身分證正本及正、反面影本各一份
- 男性已服兵役者,須持相關兵役證辦理
- 若護照將到期,則須繳交尚在有效期的舊護照
- 費用:1,300元台幣
- 一般件為4個工作天,遺失補發件為5個工作天

簽證

捷克是歐盟會員國,同時也是申根國。因此持有有效的台灣護照,不需要額外辦理簽證,6個月之內最長可停留90天。若需要90天以上的長期簽證,可以洽捷克在台協會辦理。

免簽證待遇並不代表可無條件入境申根區短期停留,需備妥與旅遊行程相符之文件,如旅館訂房確認、親友邀請函、旅遊行程表、回程機票及財力證明等以供查驗;若攜未滿14歲之兒童同行,需提供彼此關係證明文件或其監護人同意書,且相關文件均應翻譯成英文或捷克語。基本上海關看到免簽護照,加上紀錄良好,不太會要求出示更多證明,但建議還是提前準備,以免到時候手忙腳亂。

免簽入境需要的文件

- 有效護照:6個月以上的有效護照
- 機票:來回機票,可以拿出電子機票行程單
- 住宿:預訂房間紀錄
- 財力證明:足以證明旅遊期間必要花費的證明,但不可以帶超過一萬歐元的現金
- 醫療保險:旅遊醫療保險並非免申根簽證方式入境的必要條件,若有需要在歐洲看病,也可以回台灣後,申請健保補助
- 申根保險:屬於醫療保險的一種,海關通常會以抽查的方式要求查看,可以在桃園機場出境前購買
- 若攜帶未滿14歲之兒童同型,需有親屬關係或監護人同意書

其他證件

ISIC國際學生證

在歐盟國家有提供許多針對學生的福利,例如餐廳、書店等都享有些許折扣。但針對政府機構所發行的學生票如交通票,則必須要有捷克核發的學生證才能享有。

國際駕照

如果在旅行中想要租車的遊客,可以在台灣換發國際駕照,此外也建議大家記得攜帶身分證,因為有些租車公司需要護照以外的本國居留證雙重證明,才願意讓客人租車。

台胞證

現今很多台灣飛往捷克或其他歐洲國家的飛機,會到中國其他城市轉機,即便只是轉機,也需要台胞證才能夠登機,若需前往中國其他地方轉機的遊客,請不要忘記辦理台胞證。

保險

歐盟海關有權利要求旅客出示醫療保險,作為到歐洲旅遊的保障。遊客在出國前可以先行購買保險,或是妥善利用台灣健保制度。(在國外看病後,可回台以健保身分申請「自墊醫療費用核退」補助)。

護照這裡辦

外交部領事事務局

http www.boca.gov.tw

台北 ✉ 台北市濟南路一段2-2號3～5樓
　　 ☎ (02)2343-2888
　　 ⏰ 週一～五08:30～17:00(中午不休息,週三延長至20:00)

台中 ✉ 台中市南屯區黎明路2段503號1樓
　　 ☎ (04)2251-0799
　　 ⏰ 週一～五08:30～17:00(中午不休息,週三延長至20:00)

嘉義 ✉ 嘉義市東區吳鳳北路184號2樓之1
　　 ☎ (05)225-1567
　　 ⏰ 週一～五08:30～17:00(中午不休息,週三延長至20:00)

高雄 ✉ 高雄市苓雅區政南街6號3～4樓
　　 ☎ (07)715-6600
　　 ⏰ 週一～週五08:30～17:00(中午不休息,週三延長至20:00)

花蓮 ✉ 花蓮縣花蓮市中山路371號6樓
　　 ☎ (03)833-1041
　　 ⏰ 週一～五08:30～17:00(中午不休息,週三延長至20:00)

資料時有異動,請以官方公布最新資料為主

其他證件這裡辦

國際駕照

✉ 各縣市監理處
💲 台幣250元
⏰ 當天申請當天拿
所需文件:護照、駕照、身分證及2吋照片兩張

ISIC國際學生證

✉ 康文文教基金會:台北市忠孝東路四段142號5樓505室。也可郵寄
💲 台幣400元
⏰ 當天申請當天拿,郵寄辦理工作天數為7天
所需文件:2吋或1吋的證件照一張、在台全職學生證明文件(如學生證)。郵寄需要:43元回郵信封,請務必寫上收件人地址及姓名

台胞證

✉ 台灣沒有辦事處,僅能找代辦
💲 約台幣1,500元
⏰ 7天工作天
所需文件:護照正本(需有6個月以上效期)、身分證正、反面影本(14歲以下需加附三個月內的戶籍謄本正本,不接受戶口名簿影本),未滿16足歲者,需附上監護人身分證正、反面影本

資料時有異動,請以官方公布最新資料為主

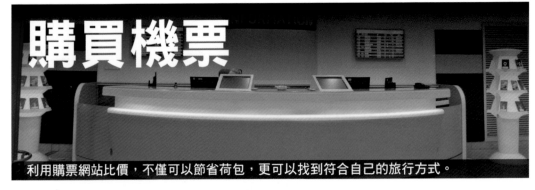

購買機票

利用購票網站比價，不僅可以節省荷包，更可以找到符合自己的旅行方式。

傳統航空(台灣飛往捷克)

目前台灣並無直飛捷克的班機，多半需要轉機一次，玩家可使用Skyscanner、背包客棧便宜機票或易遊網進行查詢、購票，網站中可以根據自己的預算及時間進行篩選。

請注意 由於捷克並無直飛班機，若是搭乘聯合航運(兩段航程，由不同的航空公司提供)的讀者，購票前請注意行李重量額度，以免超重受罰。一般經濟艙託運行李為20公斤，手提行李為10公斤。

購買機票看這裡

Skyscanner http www.skyscanner.com.tw
背包客棧便宜機票 http www.backpackers.com.tw/
forum/airfare.php
易遊網(適合購買年票) http light.eztravel.com.tw
Wego http www.wego.tw/flights
Expedia(適合買機票＋酒店) http www.expedia.com.
tw

資料時有異動，請以官方公布最新資料為主

廉價航空(歐洲境內線)

廉價航空適合攜帶簡易行李的玩家。可以從Skyscanner、背包客棧便宜機票、Wego等網站查

詢購買。廉價航空特別需注意行李重量以及行李大小是否超出規定。一般的廉航只有登機行李是免費的，而且限重約7公斤，近年來廉航在行李大小有相當多的規定，購買廉價航空前，請先衡量自己的狀況。

▲ 廉價航空行李需額外付費，玩家可自行計算是否划算

貼心 小提醒

廉價航空注意事項

■ 看好機場：許多廉價航空的機場都非在主要機場，位置偏遠交通不便，要到市中心又得花上一筆交通費。

■ 務必早到：廉航的Check in時間較短，通常會提早45分鐘前關閉，若是錯過，當場再買機票可是非常昂貴。

■ 沒有免費的食物及水。

■ 行李規定：託運行李必須加購，手提行李約限7公斤，行李尺寸嚴格控管。

■ 上網Check in：現今許多廉航都要求乘客自行上網登記，現場需要多收手續費。

匯兌及信用卡

機場換匯匯率不理想，建議小額換匯。

換匯

　　捷克人習慣使用捷克克朗，50歐以內的面額最好用。部分商家可以接受歐元，但匯率都不太理想，建議玩家持有歐元或是美元到捷克之後再換成捷克克朗，或是用刷卡的方式結帳。

　　基本上遊客都會到民營換匯所兌換克朗，因為銀行換匯，大概與民間差了10%左右。然而換匯所的陷阱多，最簡單的方式就是到了店家前先查看匯率表，以及詢問手續費。

　　不管是什麼情況，最好到推薦的換匯點換錢。建議大家可以下載換匯的APP，隨時掌握最新匯率。換匯APP下載請參考P.35。

貼心 小提醒

千萬不要跟路人換錢

　　千萬不要在路上與路人換錢，因為他們有可能給你假鈔或是非捷克幣(許多人用俄元假裝是克朗給遊客)。請見P.18。

行家祕技 換匯小撇步

如何看懂匯率表

　　換匯所螢幕或看板寫的buy或sell，其主詞都是換匯所，言下之意，「we buy」指的就是換匯所向玩家買錢。以歐元為例，換匯所在「we buy」寫上25.23元，代表換匯所用25.23克朗向玩家買1歐元，因此若玩家拿100歐元換匯，換匯所就會給予2523克朗。「we sell」寫著26.19，代表換匯所用26.19克朗，賣玩家1歐元，也就是玩家拿26.19元克朗換回1歐元。

■用歐元換克朗，只要看Nakupujeme(我們買你的貨幣)／we buy

■用克朗換歐元，只要看prodáváme (我們賣你的貨幣)／we sell

布拉格最佳換匯地點

■eXchange

✉ Kaprova 14/13, 110 00 Josefov (舊城廣場附近，KFC對面)

🕐 09:00～20:00

■Praha Exchange

✉ Jind išská 12, 110 00 Nové Město(郵局總局旁邊)

🕐 09:00～21:00

信用卡

出國旅遊以防臨時找不到好的換匯點，所以有必要帶一張信用卡或金融卡在身上，而且一般來說信用卡的手續費低，各個銀行又相繼祭出國外消費紅利點數回饋，或是1.5%的手續費，基本上都可能比換匯來得划算。

跨國提款 Step by Step

Step 1 插入卡片

請確認提款機上面的功能與自己的提款卡相符。

Step 2 選擇語言

玩家可以使用Česká spořitelna銀行的ATM，有中文介面。圖示以KB銀行的ATM為例。

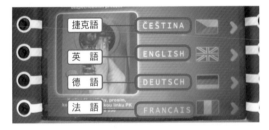

Step 3 輸入密碼PIN

Step 4 選擇Withdraw cash

Step 5 點選面額或輸入金額

Step 6 提取現金

貼心 小提醒

避免使用Euronet的ATM提款

跨國提款除了需支付銀行的手續費以及跨國轉換費以外，ATM也會收取手續費。但若未使用當地卡操作Euronet的ATM，則需要額外支付35%的高額手續費。

▲ Euronet的ATM

下載APP

透過手機APP的協助，不僅使旅遊更便利，也較不容易受騙。

行前準備

Google Translate

出國玩常常因為語言隔閡，沒有辦法順利進行溝通，在這裡推薦玩家一款免費的翻譯軟體「GOOGLE TRANSLATE」。優點一：先下載需要的語言後即可離線使用，但若是又需要其他語言，則必須再連上網路才能下載；優點二：可以將畫面轉換成文字進行翻譯，無需逐一打字，節省時間，但此功能必須連線使用。

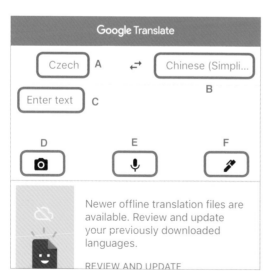

A.原始語言 / B.欲翻成的語言 / C.內容 / D.相機翻譯（按下相機功能，可以讀取畫面中的文字轉換成所需的語言）/ E.語音翻譯 / F.手寫文字翻譯

Currency

換匯APP有許多種類，推薦大家我最常用的APP──Currency，可以離線使用，但最好每天連線更新最新匯率。

A.最近更新時間 / B.編輯 / C.指定貨幣 / D.兌換貨幣（最多可以選擇10種）

PID Litacka

PID Litacka是一款捷克官方的大眾交通工具查詢系統，包含路線圖及時間表，時間非常的精準，如果有延遲，也會顯示延遲時間，是一款相當實用的交通查詢APP。

PID Litacka查詢 Step by Step

Step 1 打開PID Litacka

Buy a ticket F

Search

○ Staroměstská A

↑↓ ● Pražský hrad B

🕐 Departure now C

🔍 Advanced D

E

Search

A.出發地 / B.目的地 / C.現在出發 / D.進階搜尋 / E搜尋 / F.購票

Step 2 選擇出發地／目的地

點開Step 1中的出發地,可以用三種方式搜尋,反之目的地亦然。

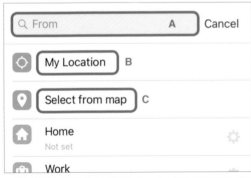

🔍 From A Cancel

◎ My Location B

📍 Select from map C

🏠 Home
Not set ⚙

🏢 Work

A.直接在地點處打下站名 / B.按下My Location,直接定位現在的位置 / C.按下Select from map,從地圖上來尋找

Step 3 選擇時間

點開Step 1中的時間,可以直接按下現在出發,便會搜尋到目前的班次,或是直接點開選擇時間。

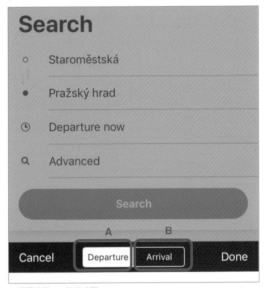

Search

○ Staroměstská

↕ ● Pražský hrad

🕐 Departure now

🔍 Advanced

Search

A B

Cancel | Departure | Arrival | Done

A.離開時間 / B.抵達時間

Step 4 進階條件搜尋

點開Step 1中的進階搜尋,可以選擇以下:

Advanced

Accessibility

Low floor only A ⚪

Wheelchair only B ⚪

Transfer

Transfer pace C Normal >

Max. transfers D Unlimited >

Via E >

Means of transport F

A.低樓層 / B.輪椅步道及電梯 / C.轉乘速度(可選正常、慢速、快速) / D.轉乘次數 / E.途中經過地點 / F.指定欲搭乘的交通工具

行前準備

Step 5 手機購票

若有沒找到實體售票機，PID Litacka也可以用手機操作線上購票。售票機購票方式請見P.78。

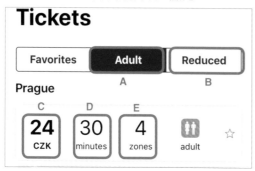

A.成人 / B.優待票(學生、老人、殘障人士) / C.價格 / D.可用時間 / E.可用區域(4 Zones代表布拉格0環內皆可使用)

Step 6 選擇票價

依照個人搭乘情況，選擇票價。票價詳細說明請見P.76)。

Step 7 選擇人數

依據同行人數，開始選擇人數。之後點下「購買」進行付款。

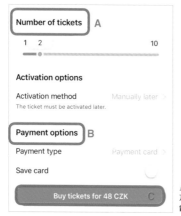

A.購票張數 / B.付款方式(信用卡、Master電子錢包) / C.購買

Step 8 付款

依填妥信用卡資訊後按下「付款」。據同行人數，開始選擇人數。之後點下「購買」進行付款。

A.填寫卡號 / B.日期 / C.卡片後方的安全碼 / D.本付款頁面只支持Visa、Mastercard、Maestro、Diners Club / E.付款

Step 9 收到付款證明

收到付款的證明。如果遇到查票員驗票，直接拿此頁面給查票員看即可。

行李打包

記得查當地天氣整理行李。

重量與攜帶品規定

一般經濟艙提供的行李額度為20公斤左右，隨身行李大約7公斤，超重需另外付費，10公斤約100美元(各家航空公司略有不同)。若有貴重物品請放於「隨身行李」中，若放於託運行李中而遭損壞或遺失，基本上航空公司皆不予補償。

行李箱尺寸與重量規定

隨身登機行李	尺寸：56×36×23公分(高×寬×長)，重量7公斤
託運行李	尺寸：無限制，重量：20公斤左右。依航空公司規定

攜帶物品限制

全面禁止	生、熟肉類，土壤，種子，各類點火裝置等。詳細資訊可參考駐捷克台北經濟文化代表處 www.roc-taiwan.org/cz/post/11.html
需申報	如香菸，酒類，藥品超過規定數量均需申報；其他未拆封之商品，因有商業行為之疑慮，故需申報
禁止登機品(可放託運行李中)	隨身行李不可攜帶超過100ml的液態、膠狀物品及液化氣體(如牙膏，即便內裝物僅有10ml也不行)、尖銳物(如剪刀、修眉刀等)、含鋰電池的充電器

*製表／黃以儒

行李檢查表

重要物品	證件、現金等隨身攜帶之重要物品	
護照(正本、影本、手機存有護照照片)	6個月以上的有效護照	
台灣身分證(正本、影本、手機存有身分證照片)	以防護照丟失時，可以到代表處進行補發	
2吋證件大頭照		
機票	來回機票的電子行程單	
旅遊行程單	包含交通住宿的行程表，以防入關時海關詢問	
現金	歐盟法規規定不能攜帶超過一萬歐元現金	
信用卡及提款卡	分散現金風險。請記得密碼	
國際駕照	如要租車者，請記得攜帶，並請記得帶上身分證	
國際學生證、台胞證	如有特殊需求，請記得攜帶，並且注意卡片上的有效日期	
手機	若沒有換當地卡，記得在台灣開通國際漫遊功能	
個人物品	目前規定100ml以上的液膏狀物，不能攜帶登機，需放進託運行李箱	
歐版轉換插頭	請多帶幾個，因為體積小，容易弄丟	
3C用品	充電器、行動電源、相機、電腦等，視個人情況準備	
變壓器	捷克電壓為220V，若攜帶的3C用品中無自動變壓功能，請自行多帶一個變壓器	

衣服、外套	請先查詢氣候以準備合適的衣服，若早晚溫差大，可以添加外套、圍巾、帽子
正式服裝、鞋子	若有計畫聽音樂會或是去正式場所，請攜帶一套正式衣服及鞋子
清潔衛生用品	捷克旅館多半不會提供牙膏、牙刷、毛巾等清潔用品，最好自備，或是到當地購買
室內拖鞋	捷克旅館不會提供免費的室內拖鞋，若有需要的旅客，請記得帶上
防曬、保濕用品	捷克屬於歐洲乾燥氣候，建議攜帶保濕用品，或到當地購買。夏天豔陽高照，紫外線強，最好也攜帶防曬用品

雨具、太陽眼鏡	雨具以輕便好收納為主，最好可以耐強風。因捷克緯度高，夏天太陽直射時間長，建議攜帶太陽眼鏡
個人藥品	請依個人情況及旅遊天數攜帶，或是到當地藥局購買
文具(筆、筆記本等)	可以寫明信片或小筆記
旅遊書、地圖	選擇自己合適的旅遊書，並且做好行程規畫，可以讓旅行事倍功半
攜帶型水瓶	捷克的自來水可以生飲，可攜帶水瓶添裝
吹風機、刮鬍刀	請注意電壓，必須符合220V，或使用變壓器

*製表 / 黃以儒

捷克語
指指點點
行前準備篇

Banka 銀行	**Směnárna** 換匯所	**Bankomat** ATM
Peníze 錢	**Směnný kurz** 匯率	**vybrat** 提款
Koruna 克朗	**vklad** 存款	**převod** 轉帳

vyměnit si peníze 換錢	**Vyjměte kartu** 取出	**Heslo** 密碼	**Vstup** 確認

Storno 取消	**Chyba vstupu** 輸入錯誤	**Kde je banka？** 哪裡有銀行？	**Jaký je směnný kurz?** 匯率是多少？

Prodáváme 我們賣	**Nakupujeme** 我們買	**konto** 帳戶	**Kreditní karta** 信用卡

Můžu zplatit kartou？ 我可以用信用卡支付嗎？	**Jakou účtujete provizi？** 手續費是多少？

Potřebuji si vyměnit peníze.
我需要換錢。

機場篇
Airport

抵達機場後,如何順利入境呢?

從捷克到台灣,面對不熟悉的語言、人、事、物,如何成功轉機、過海關,出關後又如何從機場到市區呢?另外還有租車與停車資訊本篇將一一介紹給自助旅遊的玩家們。

瓦茨拉夫哈維爾機場

布拉格僅有一個國際機場，代碼為PRG。

機場簡介

布拉格瓦茨拉夫哈維爾國際機場(Letiště Václava Havla Praha)是捷克最大的機場，分為三個航廈。T1(非申根線)：飛機會飛出申根區，必須出海關，蓋海關章。T2(申根線)：飛機不會飛出申根區，不需要出海關，不用蓋海關章。T3(私人飛機航廈)：僅提供私人飛機停靠起飛。本書不會著墨T3，以下會介紹T1、T2的內部設施。

T1、T2硬體設施

布拉格T1和T2除了海關出關、入關櫃檯有無以外，其他設施皆相同。布拉格機場和其他機場一樣，都設有餐廳、商店(紀念品店、免稅店等)，唯一比較不同的是布拉格機場較少24小時營業的商店，商家基本上都是22:00關門，僅有一家為24小時的免稅店Aelia Duty Free，位於T1裡面。

▲ 餐廳僅有Costa咖啡店是24小時營業，位於T1以及T2內

▲ 位於T1、T2航廈的ATM

貼心 小提醒

其他機場服務

■行李遺失及損壞

✉ T1、T2

☏ (00)420-220-114-283

◷ emailbox.bag@csa.cz

■機場報警電話

☏ (00)420-220-114-444

■租車櫃檯Sixt、AVIS、Europcar、Rentplus、Budget

✉ T1、T2

◷ 平日08:00～22:00，週末08:00～22:00

■租車櫃檯Czechocar

✉ T1、T2

◷ 平日07:00～22:00，週末07:00～22:00

■租車櫃檯Dvorak

✉ T1、T2

◷ 平日08:00～21:00，週末08:00～21:00

機場篇

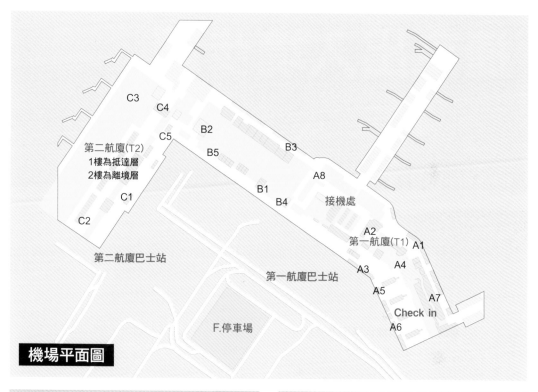

C3
C4
B2
C5
B5
B3
第二航廈(T2)
1樓為抵達層
2樓為離境層
A8
B1
C1
B4
接機處
C2
A2
第一航廈(T1)
A1
第二航廈巴士站
A3
A4
第一航廈巴士站
A5
A7
Check in
F.停車場
A6

機場平面圖

機場櫃檯設施	地點	營業時間及備註
A1.換匯Interchange(中轉處)	T1	06:00～23:00
A1.換匯CASH POINT(中轉處)	T1	06:00～22:30
A2.換匯Interchange(抵達處)	T1	06:00～23:00
A3.換匯Interchange(離開處)	T1	24小時
A3.換匯CASH POINT	T1	06:00～22:30
A4.退稅櫃檯	T1	隨航班時間
A5.行李打包室	T1	24小時 每件159克朗
A6.資訊中心	T1	24小時
A7.入境海關	T1報到櫃檯後	24小時
A8.兒童遊戲室	T1	24小時

T1、T2機場櫃檯設施	地點	營業時間及備註
B1.郵局	T2	平日08:00～18:00，週末09:00～14:00
B2.藥局	T2	平日08:00～18:00，週末09:00～17:00
B3.淋浴間	T2	24小時
B4.醫護室	T2	24小時
B5.Billa超市	T2	06:00～22:00
C1.換匯Interchange(中轉處)	T2	06:00～23:00
C2.換匯Interchange	T2	24小時
C3.淋浴間	T2	24小時
C4.行李儲物室	T2	24小時
C5.電信公司Vodafone	T2	09:00～21:00
F.停車場	航廈外	24小時 每小時50克朗

＊製表／黃以儒

若有需要辦理退稅，請比預定提早約兩個小時到機場辦理。

轉機至捷克Step by Step

飛往歐洲的飛機，一般會在香港、中國大陸、韓國或是杜拜轉機。若是同一家公司或合作的聯航，基本上可以在台灣一同辦理登機手續，但也有可能需要在轉機時再領取下一張登機牌，請在台灣時記得詢問報到櫃檯。轉機時只要前往登機門候機即可，而託運行李基本上都是從台灣託運到最後的目的地。

 Step **沿著指標走**

下飛機後，沿著「Transfer Desks」的標示走。

 Step **觀看大螢幕**

一般來說，登機牌上都有顯示登機門的號碼，但也有可能臨時更改登機門，請於轉機時，檢查大螢幕上的顯示，找到對應航班號的登機門。

 Step **檢查隨身行李**

在前往登機門時，會經過行李檢查站，再次檢查隨身行李。如果是從中國轉機的遊客，請在台灣準備好台胞證，若沒有台胞證將無法轉機。

 Step **找到登機門**

在登機前，再次確認登機門上的螢幕，是否為自己將前往的目的地及航班號。

 Step **候機**

候機時請準備好護照與登機牌，也別忘了攜帶隨身行李上機。

貼心 小提醒

錯過轉機班機怎麼辦？

如果因飛機延遲起飛，導致錯過下一班轉機航班時，千萬不要緊張，請立刻向機場的轉機資訊櫃檯洽詢，轉機櫃檯會告訴你要搭乘哪一班飛機，或者可能會提供住宿。

機場篇

入境捷克Step by Step

Step 1 入境檢查

只有在T1下機需要入境檢查，下機後往出口「Východ」走出去。沿著指標走到非歐盟公民(Non-EU)的窗口，排隊接受海關檢查護照、行程單(包含旅遊地點及住宿)、回程機票、經濟證明(現金或信用卡)。官員有可能會用英文問一些問題，例如此行的目的以及停留的時間等。

▲ 入境海關入口

Step 2 領取行李

在「Baggage Reclaim」(Výdej zavazadel)領行李。請注意看螢幕上，自己所搭乘的航班號碼是在第幾個轉盤上輸出。如果等不到行李，請立刻與就近的機場服務人員接洽。

▲ 提領行李處與出口的指示

Step 3 通過關口

提領行李後，如果有物品需要申報請記得報關，出口附近會有官員隨機抽查，若未申報被查到需繳交罰款。

▲ 物品申報「Goods to Declare」(Zboží k Proclení)

Step 4 出關

走出出口「Exit」(Východ)，便正式抵達捷克。如有需要購買當地手機SIM卡，請前往第二航廈Vodafone購買。如果都準備好了，便可以購買車票搭車前往市中心了。

◀ 通往出口途中或出口處有許多換匯點，匯率不是很好，若需要，建議小額換匯

貼心 小提醒

捷克機場需申報物品

■ 一萬歐元現金或其他等值貨幣

■ 香菸200支以上、細雪茄100支以上、雪茄50支以上或250公克以上菸草

■ 酒精成分22%以上之酒類或酒精成分80%以上的一公升以上烈酒，或酒精成分不超過22%之酒類兩公升以上

■ 價值超過15,000歐元昂貴物品，如珍貴金屬或寶石等

■ 稀有動物皮製品

■ 藥品

出境捷克Step by Step

在捷克旅行結束後,不管下一站目的地為何,若依然要前往歐盟區(不論轉機或是直接目的地),皆是在T2辦理登機;若下一站是前往非歐盟區,請於T1辦理登機。

Step 1 觀看大螢幕

請自行至自助報到機列印登機證,選擇航空公司後將護照的照片面放上機器掃描,並按照指示操作列印登記證。

A.時間	B.目的地	C.班次	D.報到櫃檯	E.當地天氣	F.航班狀態

Step 2 領取登機牌,劃位

找到報到櫃檯,劃位以及辦理行李託運。若沒有託運的行李,也可以利用自動報到機,領取登機牌。

▶ 自動報到機

Step 3 出境過海關

只有在T1出境時需要過海關。從T1領取登機牌後,往「All Passport」走去。沿著指標走到非歐盟公民(Non-EU)的窗口,排隊接受海關檢查護照與登機牌。因為是出境,所以官員比較不會多做詢問,但可能會核對停留時間,請記得不要超過歐盟入境90天的規定。

A.所有護照 / B.持有歐盟護照

出示登機牌,在下方機器刷條碼入關

快速通關,商務艙旅客

▲此為T2離境圖。在T2不需進海關,只需刷登機牌

Step 4 檢查隨身行李

不能攜帶100ml以上的液態或膠狀物,背包以及身上的電子物品都必須拿出來檢查。

Step 5 到登機門等候登機

候機時請準備好護照及登機牌,也別忘了攜帶隨身行李上機。

機場到市區交通

布拉格機場到市區相當方便，約30分鐘的車程。

機場前往中央火車站

交通工具	費時／費用	優點	缺點	詳細資訊
巴士＋地鐵	50分鐘／32克朗	準時、機動性高	需轉換車、搬行李	大眾交通票價，詳情請看P.76
機場快捷(AE)	45分鐘／60克朗	不需要換車	需以零錢買票，僅停靠中央火車站	約30分鐘一班，在T1、T2外面的巴士站搭乘
計程車	25分鐘／500克朗	快速舒適、適合行李多的旅客、機動性高	貴，有時會遇到不良司機	起跳價約40克朗，布拉格市區內1公里收費21～28克朗，每等候1分鐘加收5～6克朗，除此之外並不會再額外收取其他費用。詳細請參考P.48
租車	40分鐘／一天700克朗以上	機動性高，適合4人以上的旅客	貴，非當地人不熟悉交通	

*製表／黃以儒

巴士

　　巴士是機場到布拉格市中心最多人使用的交通工具。前往市中心的巴士有100號、119號。100號抵達黃線地鐵站Zličín，119號抵達綠線地鐵站Nádraží Veleslavín。

Step 1 　找到售票機

　　售票機位於公車站牌前，也可以在人工售票口購票。機場單程票，建議購買90分鐘。

▲售票機　　▲人工售票口

Step 2 　找到巴士站牌

　　巴士站牌位於航廈外，請玩家根據要到的地鐵站，尋找對應的巴士號碼。機場的巴士候車站，去回程的站牌是同一個。

Step 3 　上車後打印車票

　　上車後請記得打票，打票後會顯示搭乘的時間，當遇到查票員時，會根據票上時間計算有無超出車資。若沒有打票，遇到查票員檢查，視同逃票，將可罰款800克朗。

計程車／Uber

在布拉格搭乘計程車，有可能會遇到不良司機，他們會以增加行李件數為由多收取費用，或是告訴乘客們行政區有分區計價車資等各種話術，搭乘前請先自行以距離換算車資，心裡有個底。布拉格的計程車費用，通常從機場到市中心(中央車站、舊城廣場)約500克朗左右，如果擔心被超收車資，大家可以選擇搭乘Uber，除了Uber外，玩家也可以選擇另一個跨國叫車公司taxify或是捷克當地的APP Modry Andel Taxi。以下將告訴大家如何使用Uber。

Step 上網下載Uber軟體

若已下載的旅客，可以跳過這一步驟。

Step 註冊

若已有帳號的旅客，可以跳過這一步驟。

以手機號碼註冊

使用Facebook註冊

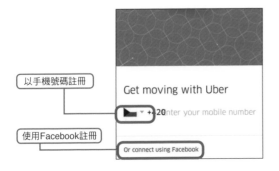

Step 輸入要前往的地點

輸入目的地

Step 確認金額

可以選擇以下三種車型。

A.Black高級車款 / B.Select指定特殊車款 / C.Uberpop最經濟實惠

Step **選擇付款方式**

現金

信用卡或Visa卡付款

 Step **等待車輛**

使用Uber最常見的問題就是司機找不到乘客，因此乘客附近最好有明顯的地標，好讓地圖可以定位到自己目前所在位置，且在原地等候。若司機找不到你，也會打電話聯繫。

 貼心 小提醒

在布拉格搭乘計程車須知

■布拉格車資統一定價，每公里收費在21～28克朗之間，會因車種(如賓士等名車)或公司而有不同訂價，搭車前可以先詢問價格。

■車資是統一定價，絕對沒有按行政區域收費的規定。

■夜晚沒有夜間加成，與白天收費相同。

■大多數計程車可接受信用卡付款。

■少部分計程車會要求收行李費，搭車前請先行詢問。

■「我需要再支付額外的行李費嗎？」的捷克語：Musím zaplatit za své zavazadlo další poplatek?

機場快捷AE

機場快捷(Airport Express)會直接從機場開到市中心的中央火車站，中途不停靠其他站點，雖然價格比大眾交通票還貴一點，但不需要轉乘地鐵，對於直接要到中央火車站的旅客，整體上方便許多。

 Step **找到機場快捷站牌**

機場快捷的候車站與巴士位於同一地點，站牌上有AE的標誌。

 Step **上車後直接向司機購票**

機場快捷每30分鐘一班車，直接向司機買票，單程60克朗，但請準備好剛好的零錢，因為司機有可能會拒絕找零，或是請乘客換好錢再購票搭乘。

租車

如果不是旅行老司機的話，租車上路確實要考慮很多問題。雖然可以增加旅行的方便度，但在

布拉格並不太需要租車，理由一：布拉格的大眾運輸發達；理由二：布拉格的停車位一位難求。但若是要到小鎮旅行，多人租乘一台車也是一個不錯的選擇。

布拉格租車行推薦

租車行	地址	營業時間	網站
Budget 機場店	Aviatická, 161 08 Praha 6	08:00～22:00	www.budget.cz/en/home
Sixt 機場店			www.sixt.com/car-rental/czech-republic
AVIS 機場店			www.avis.com/en/locations/cs/prague
Europcar 機場店			www.europcar.com/location/czech-republic/prague
Rentplus 機場店			www.rentplusprague.com
Budget 中央車站	Main Railway Station, Wil-sonova 300/8	08:00～20:00	www.budget.cz/en/home
Sixt 中央車站			www.sixt.com/car-rental/czech-republic
AVIS 舊城店	Pod Koupalistem 881,Praha 1	08:00～16:00	www.avis.com/en/locations/cs/prague
Europcar 舊城店	Elišky Krásnohorské 9,Praha 1	08:00～20:00	www.europcar.com/location/czech-republic/prague
Rentplus 舊城店	Revolu ní 1044/23,Praha 1	08:00～20:00	www.rentplusprague.com

*製表／黃以儒

線上租車Step by Step

以Budget租車網站為例。

Step 1 進入網頁，選擇時間和地點

進入網頁後，選擇租還車的時間及地點(可以選擇異地歸還)，再按下「搜尋」。

A.租車地點(布拉格：機場、中央火車站) / B.還車地點(其他城市還有Brno、Ostrava、Bratislava) / C.取車日期 / D.取車時間 / E.還車日期 / F.還車時間 / G.搜尋 / H.選擇語言

Step 2 勾選喜歡的車輛

搜尋結果會出現可選擇的車輛類型以及費用(每日最低收費約500克朗)，再確認租車行地址後，按下「確認所選車輛」。

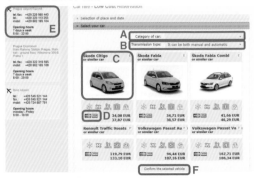

A.車型選擇(經濟車款、休旅車等) / B.駕駛類型(手排或自排) / C.車輛型號或相似車款 / D.費用(網上付費預約比預約後現場付款便宜) / E.租車行地址 / F.確認所選車輛

 Step 選擇額外服務

建議勾選全額保險，保險一天約10,870克朗。若有兒童記得勾選兒童座椅，冬天也請勾選更換冬胎以利安全。

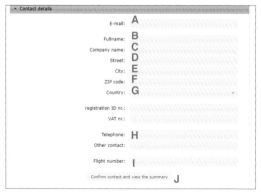

A.兒童安全座椅 / B.雪鏈 / C.衛星導航 / D.冬胎 / E.全額保險 / F.跨國費用 / G.額外駕駛費用 / H.確認額外服務

Step 填寫聯絡資料

A.電子郵箱 / B.全名 / C.公司名稱(可不填寫) / D.居住地址的街道名 / E.居住的城市 / F.郵政區號 / G.國家 / H.電話 / I.航班號碼(可不填) / J.確認聯絡方式

 Step 選擇付款方式與確認資料

可以選擇線上付款，或是到現場支付。並請確認所選車輛與資料無誤。

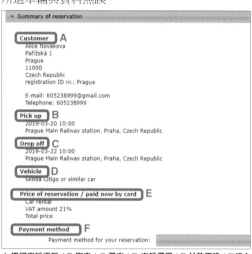

A.確認客戶資料 / B.取車 / C.還車 / D.車輛選擇 / E.付款價錢 / F.線上付款或現場付款

 Step 攜帶證件前往租車處

請記得攜帶護照、國際駕照以及台灣身分證前往租車行領車。

 Step 還車時記得將油箱加滿

租車前請先詢問要加哪一種汽油，捷克的油價以95無鉛汽油為例，大約每公升34克朗。還車前請記得將油箱加滿油。

行家祕技 捷克租車已包含ETC費用

捷克租車費用已經包含捷克高速公路ETC過路費，如果要前往其他國家，在跨境到其他國家時，可以在邊境加油站購買其他國家的ETC高速票。

市區停車

布拉格的停車格分為4種，藍色為居民停車區，紫色為居民與遊客混合停車區，橘色為遊客停車區，綠色為大眾交通停車區(此種僅供免費短暫停留)。停車前請看好停車牌上的顏色，依照停車牌上的號碼購買停車票，布拉格停車的費用為每小時40～80克朗不等，可以透過停車牌附近的購票機購買，也可以在網路上購買。

▶ Po-Ne表示週一～五08:00至隔天06:00需付費

線上購買停車票Step by Step

Step 1 填寫停車公告牌上的號碼

進入「購買停車票」網站(請見本頁右上資訊欄)。如停車公告牌為P8-1234，直接在空格中輸入P8-1234。

Back   Home

Manual entry

Write down an identifier of the parking place and press OK.
You can find it on a traffic sign. Eg. P6-1234

［ place identifier ］ ← 輸入公告牌上的號碼

［ OK ］

Nearest parking places

Your current location is unknown. Please enable geo location in your device settings.

Step 2 顯示旅客是否可在此停車

Back

Trousilova
Zone: P8-1234 | Parking visitors and residents.

Parking visitors and residents 表示旅客和居民皆可停車

［ Set license plate ］ ← 點擊按鈕並填寫欲停放之車牌

Step 3 填寫車牌、綁定信用卡

Plate settings

1st Licence plate
［ licence plate ］ ← 填寫車牌

2nd Licence plate
［ licence plate ］

3rd Licence plate
［ licence plate ］

［ Save plates ］

Bounded payment and CCS cards
Bounded payment cards with this device and their registration.

［ Open ］ ← 綁定信用卡

Step 4 付款完成後即可停車使用

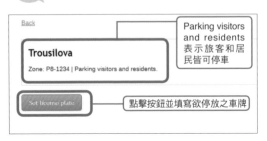

♥ 貼心小提醒

在捷克開車注意事項

■ 開車時，不論晝夜，全年均須開車前燈。

■ 酒測濃度超過0.03%，即可開罰。

■ 每年11月1日～隔年4月30日，標有雪花標誌路段，必須使用冬胎，且車胎厚度不能小於4公厘，違規者將被課處最高2,000克朗罰金。詳情請參考🌐 www.zimni-znacka.cz

捷克語
指指點點

機場篇

Letiště 機場	Přílety 入境	Odlety 出境
Východ 出口	let 航班	Celní 海關

Ztráty a nálezy 失物招領	Transferové Přepážky 轉機	vyměnit si peníze 換錢
Terminál 航廈	Brána 登機門	Místo 目的地
Autopůjčovna 租車	Taxi 計程車	Autobus 巴士
Pas 護照	Nastup na palubu 登機中	Odvaveni otevreno 辦理報到中
Zboží k Proclení 物品申報	Výdej zavazadel 提領行李	Čerpací stanice 加油站
Jednosměrná 來	Zpáteční 回	Kontakty 聯繫

Objedná 預約	Rezervace 保留	Parkoviště 停車場	Parkovací poplatek 停車費

Kde je check-in? 辦理登機櫃檯在哪裡？	Ktera brána? 哪一個登機口？	Kam letíte? 您的目的地在哪？
Letim do Říma 我要前往羅馬	Jak dlouho ten let trvá? 飛行時間有多久？	Otevřete vás tašku 打開您的行李

Užijte si svuj pobyt 祝旅行愉快	Kde je autobusových stanici do centra? 前往市中心的巴士在哪？

交通篇
Transportation

暢遊捷克，該使用什麼交通工具？

捷克走透透，該用什麼交通工具遊捷克？捷克地處歐洲的中心，無論是在捷克境內或通往境
外，火車、巴士、飛機都是相當常見的選擇。如何才能節省荷包與時間購買到合適的車票，
本篇將分析各種從捷克出發的交通工具以及購買步驟。

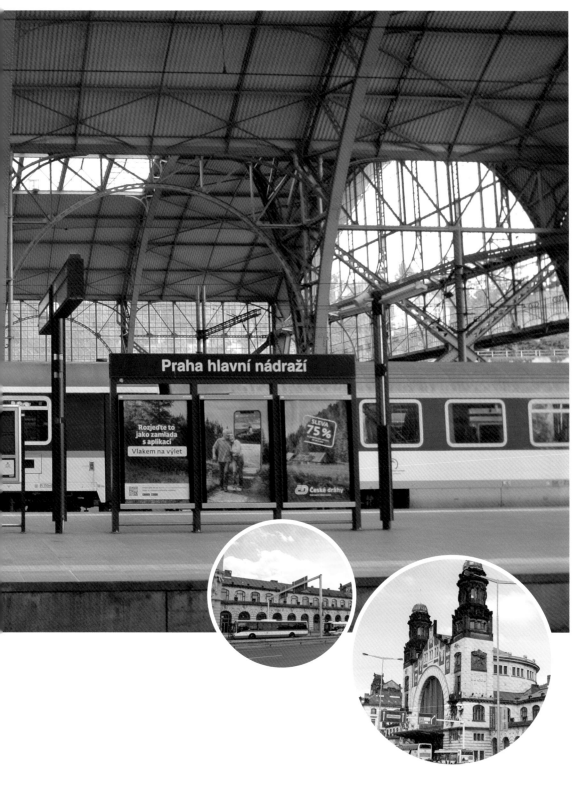

捷克鐵路交通

在捷克搭火車一點都不可怕,只需要事先做好功課,還能節省荷包喔!

捷克火車主要是以捷克國鐵(České dráhy)為主,班次最多,另外還有捷克私人火車Student Agency,以及從外地來的火車,如德國國鐵(DB)、匈牙利國鐵(MÁV)、奧地利國鐵(ÖBB)等,各地制定的票價也不一樣,玩家可以根據以下內容找到自己喜歡的交通工具。

◄火車包廂為現今新型車廂較少見的設施

捷克國鐵介紹

捷克境內長途火車最多人選的是IC。至於跨國火車則推薦搭乘RJ,雖然車資較貴,但班次較多。RJ車廂較新、更現代化,而且也提供捷克境內的班次。

▲RJ速度快,作為跨國列車行駛

國鐵列車種類介紹

境內火車				跨國火車	
OS(Osobní Vlak)區間車／**SP**(Spěšný Vlak)稍快區間車	**RX**(Rychlík vyšší kvality)高品質快捷火車／**EX**(Express)快捷火車	**R**(Rychlík)短程境內快速車	**IC**(InterCity)捷克長途火車	**EC**(Euro City)歐洲長途火車	**RJ**(Regiojet)
■皆以短程為主 ■OS每站皆停／SP停靠的站稍少 ■主要以二等車廂為主 ■不能預約座位 ■230V的插座 ■免費Wi-Fi	■主要行駛區域以捷克為主,少數會跨國 ■分成一與二等車廂 ■可預約座位 ■230V的插座 ■免費Wi-Fi ■部分車輛設有餐車以及兒童車廂服務	■目前車輛較少,由RX和EX取代 ■僅有二等車廂 ■可預約座位 ■230V的插座 ■免費Wi-Fi	■有包廂式6人座車廂及4人座開放車廂 ■分成一、二等車廂 ■可預約座位 ■230V的插座 ■免費Wi-Fi ■餐車服務 ■部分車輛有兒童車廂服務		■主要與奧地利國鐵(ÖBB)聯合營運 ■較多布拉格與維也納之間往來的車輛(途中會經過捷克南部Brno) ■分成一與二等車廂

*製表／黃以儒

交通篇

捷克私鐵Student Agency

在捷克若要搭乘火車,除了可以選擇捷克國鐵外,不少人也會選擇傑克私鐵Student Agency,一方面是服務品質佳,二方面是價錢與國鐵差不多,缺點是班次不如國鐵多。不論是國營或是民營火車,都使用相同的車站,僅僅只是

▲Student Agency商務車廂

火車營運商的不同。Student Agency的巴士目前最遠會抵達倫敦,但火車的話只有開往捷克、斯洛伐克首都布拉提斯拉瓦,以及維也納。

▲Student Agency的跨國火車

▲Student Agency經濟車廂

Student Agency 五大優點

1. 服務品質好。
2. 提供免費的水、Wi-Fi、插座,還可以預先訂位。商務車廂多有提供免費飲品與點心。
3. 火車停靠站少,搭乘時間較短。
4. 有獨立的兒童車廂。
5. 火車站內有專屬的休息室。

*唯一的缺點是因為較受歡迎,現場售票經常銷售一空,需提早訂位。

列車設備

以下介紹列車上的設備,並非所有車輛皆有,但若是跨國列車設備相對較齊全。

▲充電座

▲提供Wi-Fi的標示

▲該車廂配有腳踏車及嬰兒車放置處

火車站介紹

火車站內設施

▲置物櫃

▲付費洗手間，一次20克朗，只限硬幣

▲免費公眾鋼琴(布拉格中央火車站的特色)

置物櫃

　　一般來說捷克火車站的置物櫃都大同小異，以下將以布拉格中央火車站的置物櫃來說明。火車站的置物櫃有兩種，一種是短期的，另一種是長期的，兩者的地點、存放時間各有不同。

	短期置物櫃 (Ukládací skříňky)	長期置物櫃 (Úschovna za-vazadel)
圖片		
時間	最多24小時	最多40天
地點	正門左側	正門右側
使用方式	全機器操作，僅限10及20元銅板，配有銅板兌換機，也可以使用刷卡付費	員工操作
價格	依照行李大小計價，80～120克朗	依照行李大小計價，每日60或100克朗

＊製表／黃以儒
＊資料時有變動，請以官方為準

▲建於1871年布拉格火車站的外觀

▲保存完好的布拉格火車站的圓頂，現已是火車站的特色

交通篇

如何搭乘火車

看懂車票

　　請記得查看有效日期，只要在有效日期內皆可搭乘。

電子車票解析

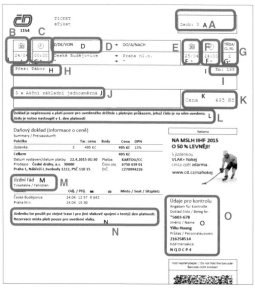

A.人數 / B.起始日期 / C.起始時間 / D.從České Budějovice到Praha / E.截止日期 / F.截止時間 / G.車等 / H.中途經過：Tábor站 / I.公里 / J.單程票 / K.金額 / L.備註：該車票不可轉讓 / M.時間表 / N.備註：該票可用於有效日期內 / O.購買人姓名

人工車票解析

A.人數 / B.車等 / C.公里 / D.從Brno到Valtice / E.中途經過：BrnoHH、Sakvice、Zajeci、Breclav / F.起始日期到截止日期 / G.金額

確認班次資訊

　　因為車票上並不會寫上月台資訊，請提早到火車站，觀看大廳上的大時刻表，確認對應車班的時間及月台等資訊。

A.離開 / B.火車車種 / C.班次 / D.車班名稱 / E.營運公司 / F.目的地 / G.經過地點 / H.時間 / I.月台 / J.延遲時間

找到月台

歐洲長途列車很長，有些列車會在某站分成兩部分，前面車廂開往某地，後面車廂開往另一個地方。玩家務必遵循車票上的指示，找到對應的月台號碼，並且確認月台上的螢幕顯示，是否與你要搭乘的班次相同。**請注意**月台有分A、B、C段，上車前請再次確認。

▲根據火車站大廳的指示前往月台

▲月台上又依次分為A、B、C等段

抵達月台後請再次確認上方的螢幕

A.車班 / B.目的地 / C.時間 / D.月台

找到車廂座位

每個座位上方都有號碼以及一張寫著訂位記錄的紙條，根據紙條判斷是否有人預訂，也可以從紙條上得知預訂訊息。

A.車種與車次 / B.當前車廂 / C.起始站 / D.沿途停靠站 / E.目的地 / F.當前時間 / G.當前速度

▲可以根據火車前頭，或側邊的螢幕確認所搭乘的車輛

貼心 小提醒

可列印紙本車票供查票

購票後會在電子信箱中收到車票，雖然手機可以掃QR Code，但建議可以印出紙本車票，以備不時之需。

▲每一站乘客上車後，查票員會進行查票

購買鐵路票

學會各種購票技巧,荷包省很大。

捷克鐵路購票

在購買火車票前,首先要先查詢時刻表。以下將以布拉格(Praha)到布爾諾(Brno)為例進行示範。
捷克國鐵 http www.cd.cz/en/default.htm

查看國鐵時刻表Step by Step

Step 1 輸入資料

起始點若輸入Praha會顯示位於布拉格內的各個車站,建議選擇Praha hl.n.,意指布拉格中央車站。若點開「更多選擇」可以選擇一等或二等車廂,或是回程票。

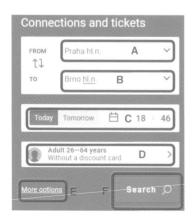

A.起始點 / B.目的地 / C.時間 / D.搭乘者的年齡 / E.更多選擇 / F.搜尋

Step 2 資料顯示

捷克國鐵通常免費提供自由選擇座位的服務,但是在訂票時還是需要多加留意是否有收取多餘的費用。

A.回程票 / B.起始站(上)/目的地(下) / C.時間(日/月/年) / D.車種 / E價錢+購買鍵 / F.不需轉車 / G.僅購買預約座位 / H.所需時間 / I.免費預約座位

▲玩家們也可以到火車站中的人工售票處購票,但建議先利用網站查好資料,以防語言溝通不良

國鐵線上購票Step by Step

查好時刻表，選擇時間後，點下購買鍵，即進入購買頁面。若想在火車站買票，也可先上網查好班次，直接給站務員看，以避免與站務員無法溝通。

Step 1 選擇時間

選擇好時間後，按下購買鈕。

Step 2 選擇加購服務

攜帶腳踏車或超過90×60×40公分的大型行李，需加購65克朗；攜帶狗上車，需加購45克朗。

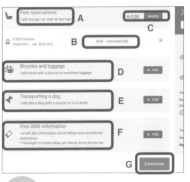

A.免費預訂座位 / B.系統已自動選擇座位 / C.按下Modify調整想預訂的座位 / D.加購腳踏車和大型行李位 / E.攜帶狗上車 / F.接收免費的提醒簡訊 / G.繼續下一步

Step 3 預訂座位

點擊「從車廂地圖選擇」按鈕預訂座位。

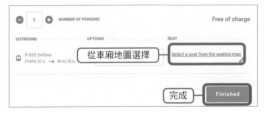

Step 4 從車廂地圖選擇座位

A.車廂編號 / B.二等車廂(2.Třída) / C.公共空間(包含腳踏車與嬰兒車放置處、免費Wi-Fi使用區) / D.一等車廂(1.Třída) / E.粉色框框指已被人預定，白色框框指尚未被預定

Step 5 填寫搭乘人資訊

填寫完資料後，請點選「放入購物車」。

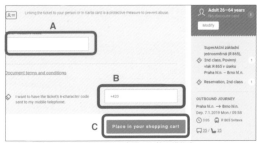

A.持票人姓名 / B.以手機簡訊接收車票 / C.放入購物車

Step 6 付款與取票

請留意，若要退票，必須在車班離開前15分鐘辦理，並且無法退手續費。有乘客資料和車班資料的車票，不可轉讓也不可用於其他列車。

A.確認金額 / B.選擇付款方式 / C.留下電子信箱 / D.同意條款處打勾 / E.付款

私鐵線上購票Step by Step

 www.studentagency.cz

Step 1 前往Student Agency 網站

A.選擇語言

Step 2 選擇購買火車、巴士票

Student Agency不僅可以買火車票也可以買巴士票、機票或旅遊套裝行程。

A.購買飛機票 / B.購買火車、巴士票

Step 3 開始購票

若想購買學生票必須持有捷克學生證才能購買。依起訖點及其他需求點選購票項目。

A.購買巴士票 / B.購買飛機票 / C.購買火車票 / D.貨幣選擇克朗 / E.貨幣選擇歐元 / F.語言選擇 / G.單程或往返 / H.起始地與目的地 / I.時間 / J.旅客人數 / K.旅客年紀 / L.搜尋

Step 4 選定時間及艙等

火車有分艙等,因此價格也不同。如最低費用艙等,僅提供免費瓶裝水;標準艙等附餐點,也可預訂6人車廂;舒適艙等附餐點、報章雜誌;商務艙等附餐點、報章雜誌,也可預訂4人車廂。

A.選擇巴士或火車 / B.發車時間 / C.抵達時間 / D.剩餘空位 / E.車上是否有服務人員 / F.更多購票詳細資料 / G.價格 / H.最低費用座位 / I.標準座位 / J.舒適座位 / K.商務座位

Step 5 預訂座位

綠色是可預訂座位,紅色為已被預訂座位。

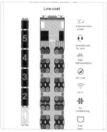

Step 6 確認資料與付款

訂票時需留意,要在兩小時內完成付款,否則訂單會被取消。若有需要取消或更改時間,發車前15分鐘以前免費,發車前15分鐘內則不可取消及更改時間。

A.預訂尚未付款 / B.線上付款 / C.取消 / D.確認資料 / E.預訂規定

交通篇

跨國鐵路購票

除了利用捷克國鐵和Student Agency購票外,玩家購買跨國車票時,也可以從另一個國家的國鐵網站下手,可能會找到更便宜的車票,或是有空位的時段。以下示範匈牙利、奧地利與德國國鐵購票。

匈牙利國鐵購票Step by Step

匈牙利國鐵有許多票價便宜的座位,但只能在匈牙利境內取票,也只能從匈牙利出發。。

http www.mavcsoport.hu/en

Step ① 前往匈牙利國鐵網站

Step ② 查詢時刻表

依起訖點、日期及票種等需求點選,再按下搜尋。

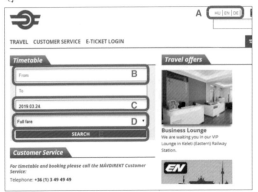

A.選擇語言 / B.出發地與目的地 / C.日期 / D.票種(成人票、學生票、長者票等)/ E.搜尋

Step ③ 查看顯示資訊

確認資訊後,按下「購票與價錢」。

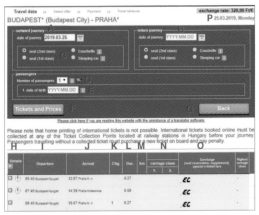

A.去程時間 / B.回程時間 / C.艙等 / D.乘客人數 / E.乘客出生日期 / F.購票與價錢 / G.返回前頁 / H.提醒:購票後須到匈牙利的火車站利用電子機器或人工方式取票,打印車票後,若弄丟不會補發 / I.發車時間與車站 / J.抵達時間與車站 / K.轉車 / L.所需時間 / M.公里數 / N.艙等 / O.額外服務(預訂座位等)/ P.匈牙利福林與歐元兌換匯率

Step ④ 選擇時間

購買匈牙利國鐵車票時,會由系統選定座位。乘客僅需選擇班次時間。

A.票價 / B.選定時間 / C.確認並放入購物車

交通篇

Step 5 填妥購票人資訊

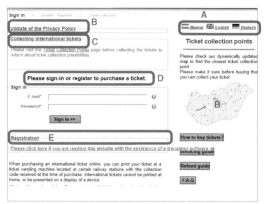

A.語言選擇 / **B.**隱私政策 / **C.**取票地點 / **D.**登入(未有帳號者,請先註冊) / **E.**註冊

Step 6 確認購票資料

A.出發地與目的地、時間/ **B.**費用 / **C.**車票資訊(包含:單程、旅客人數、艙等、座位車廂、預訂座位) / **D.**預定將於2小時後取消 / **E.**發票資訊

Step 7 同意與付款

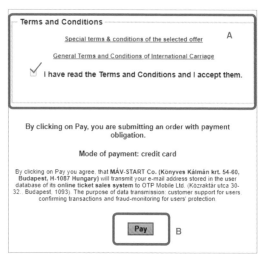

A.同意條款處打勾 / **B.**付款

Step 8 獲得購票代碼

　因匈牙利火車票並無電子車票,故購票成功後將獲得購票代碼,之後再憑購票代碼前往匈牙利火車站取得車票。

Step 9 前往匈牙利火車站取得車票

　抵達匈牙利任一車站皆可以到櫃檯向站務人員取票,或是找到黃色的取票機後輸入購票代碼便可取票。**請注意** 僅能在匈牙利車站取票,因此遊客只能選擇匈牙利出發的車票。

奧地利國鐵購票Step by Step

奧地利國鐵採浮動票價，並且提供許多早鳥票，適合提早準備旅行的人。http www.oebb.at/en

Step ① 前往奧地利國鐵網站

選擇起訖點與日期後，按下搜尋。

A.選擇語言 / B.日期 / C.出發地 / D.目的地 / E.搜尋

Step ③ 加購額外服務

確認加購所需的額外服務後，按下購物車。

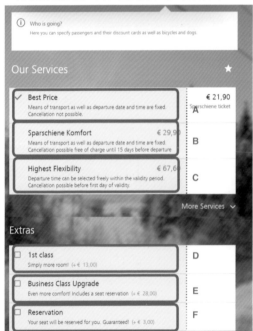

A.最低價錢：無法取消 / B.出發前15天內無法取消 / C.車票有效日期的前一天皆可取消 / D.一等車廂 / E.商務車廂 / F.預約座

Step ② 選擇時間

選擇班車時間。

A.出發時間 / B.列車型號 / C.所需時間 / D.從出發地到目的地 / E.抵達時間 / F.票價

Step ④ 填寫預訂人資料

A.票種(有成人票、學生票、長者票等) / B.預訂人姓名

Step ⑤ 確認資料與付款

提醒玩家，奧地利國鐵票價為浮動票價，通常在15分鐘就會有異動。

A.時間 / B.地點 / C.票種 / D.價錢 / E.取消保險 / F.提供電子郵箱，收取確認單 / G.付款(信用卡或線上銀行轉帳)

Step ⑥ 獲得電子車票

德國國鐵購票Step by Step

🌐 www.bahn.com/en/view/index.shtml

 Step **1** 前往德國國鐵網站

選擇起訖點、日期與時間後,按下搜尋。

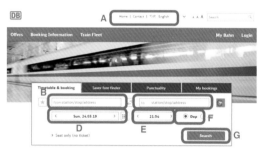

A.選擇語言 / B.出發地 / C.目的地 / D.日期 / E.時間 / F.出發時間或抵達時間 / G.搜尋

 Step **2** 確認班次時間

確認班次資訊是否無誤,若無誤請點選確定。

A.出發地與目的地 / B.出發地時間與抵達時間 / C.所需時間 / D.轉車次數 / E.車種 / F.歐元 / G.確定

 Step **3** 加購額外服務

之後想要取消車票,有「出發前一天取消」與「車票有效日期前一天取消」可供選擇,確認之後按下繼續。

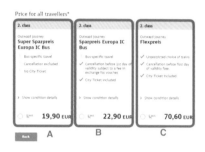

A.最低價錢:無法取消 / B.出發前一天取消收取10歐元手續費 / C.車票有效日期的前一天皆可免費取消 / D.繼續

 Step **4** 登入

建議註冊預訂,弄丟車票時才能找回訂單。

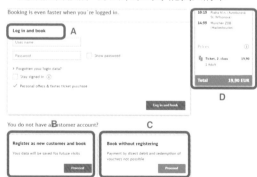

A.若有德國國鐵DB的帳號,請登入 / B.註冊成為DB新用戶 / C.不註冊預訂 / D.訂票資料

Step 5 註冊德國國鐵DB新用戶

以沒有DB帳號為例。請按照下圖指示,填妥資料後註冊帳號。

Create your My Bahn account here

Your login details

User name* **A**

At least 8 characters, e.g. your e-mail address

Password* **B**   Repeat password*

At least 6 characters including at least one number and one special character
- [ ] Stay signed in ⓘ
- ✓ Personal offers & faster ticket purchase

Your security question if you forget your password

Hint question **C**   Answer
Please choose...

Your personal data **D**

Salutation **E**   Title **F**
Mr.

First name* **G**   Surname* **H**

E-mail* **I**

Make sure you don´t miss anything and subscribe to the bahn.de newsletter now.

- [ ] Subscribe to the bahn.com newsletter **J**
  - ✓ **Information especially for you**
    based on your registration data, booking data and your newsletter history
  - ✓ **Unsubscribe at any time**

Back   Register and continue **K**

A.新建帳號(至少8個字數) / B.新設密碼/再次輸入密碼 / C.當忘記密碼時的安全性問題 / D.註冊人資料 / E.尊稱(先生/女士) / F.稱謂(博士/教授) / G.名字 / H.姓氏 / I.電子郵箱 / J.訂閱DB以獲取更多訊息 / K.確認註冊

Step 6 付款

填寫預訂者基本資訊後,選擇付款方式,再按下繼續。

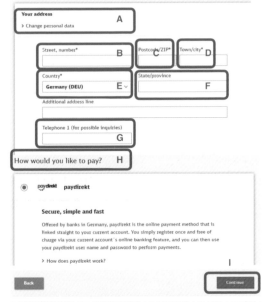

Your address **A**
> Change personal data

Street, number* **B**   Postcode/ZIP* **C**   Town/city* **D**

Country* **E**   State/province **F**
Germany (DEU)

Additional address line

Telephone 1 (for possible inquiries) **G**

How would you like to pay? **H**

⦿ **paydirekt** paydirekt

Secure, simple and fast

Offered by banks in Germany, paydirekt is the online payment method that is linked straight to your current account. You simply register once and free of charge via your current account´s online banking feature, and you can then use your paydirekt user name and password to perform payments.

> How does paydirekt work?

I

Back   Continue

A.預訂者地址填寫 / B.街道與門牌號 / C.郵政編碼 / D.城市 / E.國家 / F.省分 / G.電話 / H.如何付款(信用卡、銀行轉帳等) / I.繼續

Step 7 取得車票

付款完成後選擇要取得電子或是紙本車票,若需要紙本車票,需支付郵寄費用4.9歐元。

Ticket and reservation

How would you like to receive your ticket?

⦿ 📱 **Digital ticket**
Save it as a PDF or load it in the DB Navigator app **A**

Please note:
- Only valid for the passenger stated (and accompanying passengers if applicable). Not transferable. You must present your ID to the ticket inspector on the train.

○ ✉ **Order and receive** **B** 4,90 EUR
ticket by post   Postage

A.獲取電子車票 / B.獲取紙本車票

交通篇

購買巴士票

巴士機動性高、價格便宜,尤其是Student Agency更是背包客的絕佳選擇。

國內線Student Agency

Student Agency巴士票與火車票的訂購網站相同,只要看圖上的標註就知道預訂的車票是屬於哪一種車。巴士上若有車掌小姐,會提供免費報紙、雜誌、熱飲(咖啡、茶、熱可可)、Wi-Fi,也有販售冷飲及點心,建議玩家在預訂時可以選擇有車掌小姐的時段。

國外線Flixbus

Flixbus班次多、地點多、提供免費Wi-Fi等,是目前涵蓋歐洲線最密集、也最廣的巴士公司。若是學會使用線上購票網站,要去其他歐洲的城市更是無往不利,推薦給喜歡自助旅行的玩家們。

▲Student Agency是捷克最受歡迎的民營交通公司

	Dep.	Arr.	Changes	Free seats			
A	04:00	08:50	-	28 ✔🔍	C		14.90 EUR
B	05:20	09:22	-	133 ✔🔍			15 — 25 EUR
	07:00	11:40	-	49 ✔🔍	D		14.90 EUR
	09:20	13:22	-	78 ✔🔍			15 — 32 EUR
	11:00	15:40	-	19 ✔🔍			17.90 EUR
	13:20	17:22	-	137 ✔🔍			15 — 32 EUR
	15:00	19:40	-	41 ✔🔍			14.90 EUR
	16:20	20:22	-	98 ✔🔍			15 — 32 EUR
	18:00	22:30	-	33 ✔🔍			14.90 EUR

A.巴士 / B.火車 / C.有車掌小姐 / D.無車掌小姐

▲搭乘跨國巴士Flixbus最方便,據點最多

Flixbus線上購票 Step by Step

http global.flixbus.com

 Step 前往Flixbus網站

若尚未決定旅行路線，可選擇「路線地圖」或「計畫你的旅行」。已決定旅行路線的人，可直接從出發地開始選擇。

A.語言選擇 / B.路線地圖 / C.計畫你的旅行 / D.出發地 / E.目的地 / F.出發日期 / G.回程日期 / H.旅客人數、腳踏車數 / I.搜尋

 Step 選擇時間

以下以布拉格到法蘭克福為例。

A.出發地 / B.目的地 / C.預計日前一天 / D.預計日當天 / E.預計日後一天 / F.出發時間、抵達時間 / G.所需時間 / H.金額 / I.預訂(預訂前為線色，預訂後為橘色) / J.購物車 / K.確認預訂 / L.排序(出發時間由早到晚、價錢由低到高、所需時間由短到長) / M.過濾(直達、轉車) / N.出發時間 / O.離開時間 / P.出發地巴士站及抵達地巴士站站名

 Step 填寫預訂者資料

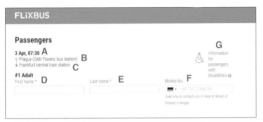

A.出發時間 / B.出發地的巴士站 / C.目的地的巴士站 / D.名字 / E.姓氏 / F.電話 / G.身障者服務(若有需要可以先聯繫此公司)

 Step 加購額外服務

若是願意支付友善環境費用，該費用會用於減少地球二氧化碳，例如植樹或是投入相關環境保護運動等。

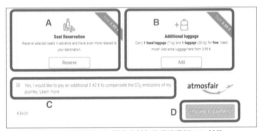

A.預訂座位 / B.加購行李 / C.願意支付友善環境費用 / D.付款

 Step 付款

A.付款方式 / B.索取收據 / C.將電子車票寄至電郵信箱 / D.前往付款

Step 訂票成功，獲得預訂代碼以及電子車票

交通篇

跨國交通推薦

善用不同的交通工具，由捷克前往周邊的國家，可以省下不少交通費。

從捷克布拉格到奧地利維也納

交通工具	票價	時間	優缺點	網站
Student Agency巴士	約300克朗	4小時40分鐘	優點：價格低 缺點：座位擠	http www.studentagency.cz
捷克國鐵	約800克朗	4小時	優點：座位舒服 缺點：價格高	http www.cd.cz/en/default.htm
Student Agency火車 (Regiojet)	約400克朗	4小時	優點：免費Wi-Fi、免費水和小點心 缺點：班次少	http www.regiojet.com

＊製表／黃以儒
＊資料時有異動，請以官方為準

從捷克前往奧地利哈修塔特

	訂票網站	票價	時間	優缺點	網站
由布拉格出發	捷克國鐵	約1,200克朗	6小時50分鐘	優點：價格低 缺點：時間長	http www.cd.cz/en/default.htm
	奧地利國鐵OBB	約700克朗			欲購買早鳥票請用OBB購買 http www.oebb.at/en
由捷克克倫洛夫出發	私人巴士*	約800克朗	3小時	優點：時間短 缺點：價格高	http www.ckshuttle.cz
由奧地利維也納出發	奧地利國鐵OBB	約500克朗	3小時30分鐘	優點：沿途景色美 缺點：機動性低	http www.oebb.at/en

注意事項：私人巴士以9人座為主，訂票方式採網路預約，先付一半的訂金，然後再準備克朗或是歐元，於搭乘時結清尾款。

＊製表／黃以儒
＊資料時有異動，請以官方為準

從捷克布拉格到德國柏林

	票價	時間	優缺點	推薦
Student Agency巴士	約400克朗	4小時30分	優點：價格低 缺點：座位擠	http www.studentagency.cz
捷克國鐵	約800克朗	4小時	優點：座位舒服	http www.cd.cz/en/default.htm
德國國鐵DB	約500克朗	4小時	優點：座位舒服	http www.bahn.com/en

＊製表／黃以儒　＊資料時有異動，請以官方為準

從捷克到德國紐倫堡

	訂票網站	票價	時間	優缺點	推薦
由捷克布拉格出發	捷克國鐵	約300克朗	4小時30分	優點：價格低 缺點：班次少，需轉車	http www.cd.cz/en/default.htm
	德國國鐵DB	約850克朗		缺點：班次少，需轉車，價格高	http www.bahn.com/en
	Student Agency巴士	約400克朗	4小時	優點：價格低 缺點：座位擠	http www.studentagency.cz
由捷克卡羅維瓦利出發	捷克國鐵	約230克朗	2小時30分	優點：價格低 缺點：班次少	http www.cd.cz/en/default.htm

＊製表／黃以儒　＊資料時有異動，請以官方為準

▲哈修塔特最佳旅遊時間為4～11月

▲紐倫堡除了特色建築，一年一度的聖誕市集也十分推薦

交通篇

Vlak 火車	**Jízdenka** 車票
Nástupiště 月台	**Tam** 單程

Zpět 回程	**Stanici odkud** 出發地	**Stanice kam** 目的地
Autobus 巴士	**Číslo** 班次	**směr jízdy** 經過(哪些車站)

Zpoždění 誤點	**Stanice** 車站
Odkud 從	**Kam** 到
dospělý 成人	**přestu** 轉車
Odjezd 離開	**Příjezd** 抵達
Koupit 購買	**Třída** 艙等
Zrušit 取消	**Rezervace místa** 預約席
Jízdní řád 時刻表	**vyhledat** 搜尋

布拉格市區交通
Praha Transportation

造訪捷克首都,該使用什麼交通工具?

布拉格的大眾交通方便又便宜,非常推薦玩家到布拉格時可以善用大眾交通。
本篇將告訴你如何購買大眾交通票搭乘地鐵、電車及公車,讓你像在地人一樣悠閒上街。

布拉格地鐵

一張PIT票在手，讓你輕鬆遊走布拉格。

布拉格分成0～5環(Zone)，但所有著名的觀光景點，包含機場都在0環以內，玩家們只要購買0環內的票就可以了。

布拉格的主要大眾運輸工具為：地鐵(Metro)、路面電車(也有人稱路面輕軌，Tram)與巴士，這三種交通方式貫穿整個布拉格，當你學會搭乘，在布拉格旅行便是再輕鬆不過的事了。

布拉格的地鐵只有三條，分成黃、綠、紅三種顏色於04:30開始發車，00:30最後一班車回到車庫。如果玩家半夜需要使用大眾交通，可以搭乘24小時營運的路面電車及巴士。

大眾交通票介紹

布拉格大眾交通票，(簡稱為PIT，Prague Integrated Transport)。在布拉格或是捷克其他城市，只要在限定區域及時間內，可以憑著大眾交通票，搭乘所有的車種(地鐵、電車、巴士、火車)。以下將介紹如何購買布拉格交通票。

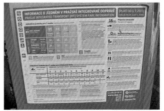

▲ 在購票機上面的大眾交通票價表

豆知識
為什麼布拉格的手扶梯又長又快？

布拉格的地形屬於小丘陵地，政府在建設地鐵時，為了避免高低落差，於是統一將地鐵往更深的基準線開始建造。歐盟最長的地鐵手扶梯正是位於布拉格內的Náměstí Míru，上下手扶梯所需時間約4分40秒，一年下來等於2.45天的時間。面對如此耗時的手扶梯，只好加快手扶梯的速度了。

大眾交通票票種與價格

票種	成人 (16歲以上) (克朗)	兒童* (7歲至15歲)* (克朗)	長者* (60歲至69歲)* (克朗)	幼兒 (0歲至6歲)及70歲以上 (克朗)
30分鐘	24	12	12	免費
90分鐘	32	16	16	免費
1天	110	55	55	免費
3天	310	無	無	免費

＊製表／黃以儒
＊資料時有異動，請以官方為準
＊購買兒童票，遇到查票員須出示護照或帶有照片的出生證明
＊欲購買年長者票，須至服務櫃檯辦理，購買由PIT所製作的長者卡。辦理時須攜帶護照及兩張證件照，酌收手續費20克朗。遇到查票員必須出示長者卡，而非護照

布拉格市區交通篇

行家祕技 攜帶大型行李箱，需購買行李票

　　大家到布拉格最關心的就是行李票的問題，到底需不需要買行李票？應該如何購買？為何在購票機上沒有看到行李票的選項？以下就來替各位解答。

■25×45×70公分以下的行李箱(大約是手提行李的大小)，不需要額外購買行李票。

■買一日以上的PIT票，可享一件行李免費。

■行李票一張16克朗，一次可用300分鐘。

■傳統售票機沒有行李的選項，可直接購買16克朗的票券。

布拉格地鐵圖

♿ 車站具備無障礙服務

＊繪圖／余淑真

購買大眾交通票

　　布拉格的地鐵目前只有黃、綠、紅三條線，並不複雜，其中可以搭配市中心的電車路線一起搭乘，可以更輕鬆在布拉格遊走。使用前請先上網查詢最新地圖。

布拉格運輸公司(Pražské integrované doprav，縮寫PID)

http pid.cz/en/downloads/?type=maps

http pid.cz/ke-stazeni/?type=mapy

傳統售票機購票Step by Step

　　傳統售票機只接受硬幣付款，不接受紙鈔與信用卡付款，所以購票前，請先備妥零錢。紅色機器可以用50、20、10、5、2、1克朗，黃色機器僅可用20、10、5、2、1克朗。兩種顏色的機器都可以購買0環以內的車票，但是紅色機器只能買0環以內的車票，而黃色機器0環內外的車票都可購買。

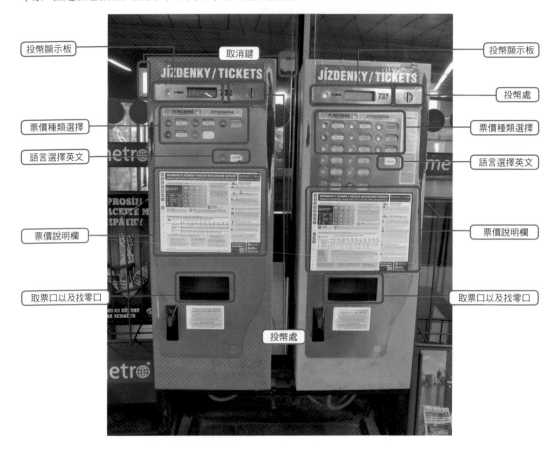

投幣顯示板　　取消鍵　　投幣顯示板

票價種類選擇　　投幣處

語言選擇英文　　票價種類選擇

票價說明欄　　語言選擇英文

取票口以及找零口　　票價說明欄

取票口以及找零口

投幣處

布拉格市區交通篇

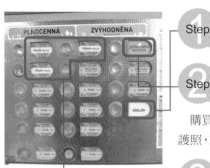

Step **1** 選擇語言

Step **2** 按折扣鍵

購買7～15歲的兒童票時,請先按折扣鍵,上車遇到查票員需出示護照,或是帶有照片的出生證明。

Step **3** 選擇價格

選擇所需要的價格,每個價格有不同的使用期限,請參考P.78。

電子售票系統購票Step by Step

新版的電子售票系統,可以選擇刷卡或使用硬幣付款。

A.投幣處 / B.開始按鈕 / C.觸控式螢幕 / D.取票口 / E.刷卡感應處 / F.找零口

Step **1** 按下開始按鈕

Step **2** 選擇語言

A.捷克語 / B.英語 / C.德語 / D.俄語

Step ③ 選擇票種

先決定購買票券的區域，以及是否需要折扣，如左側B～D的按鈕。再依據顯示板上的區域以及時間價錢購買票券，藍色代表全票，綠色代表折扣票。另外還有行李票的選項可以選擇。

A.語言選擇 / B.布拉格0環內全票 / C.布拉格0環外全票 / D.布拉格0環內折扣票 / E.布拉格0環外折扣票 / F.離開 / G.布拉格0環內30分鐘全票券 / H.布拉格0環內90分鐘全票券 / I.布拉格0環內24小時全票券 / J.布拉格0環內72小時全票券 / K.行李票 / L.布拉格0環外30分鐘折扣票券 / M.布拉格0環外90分鐘折扣票券 / N.布拉格0環外24小時折扣票券 / O.價格 / P.數量 / Q.付款

Step ④ 付款

選擇付款方式，投幣進硬幣投幣處或是刷卡。

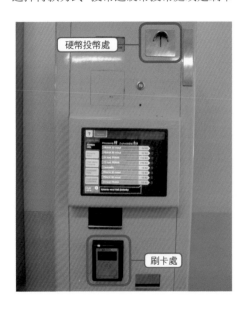

硬幣投幣處

刷卡處

豆知識

布拉格地鐵站

布拉格黃線與綠線交織的地鐵站Můstek，是小橋的意思。起因是在該車站建造的過程中，發現了一個中世紀橋梁的遺跡，於是就此命名，現今你會在車站西北出口附近發現它的遺跡。

搭乘地鐵Step by Step

 Step 先至售票機買票

買票步驟及票價訊息請參考P.76、78。

 Step 打票機打票

地鐵站的打票處與電車、巴士不同，必須在入口處打票。購買票之後，僅需要在第一次使用時打票，之後不論搭乘任何交通工具都不需要再打票。

▲傳統打票機　　　　▲新型的打票機，有顯示時間

 Step 看標示確認所在地及欲前往目的地

A.月台／B.藍色S表示此站為火車站與地鐵站合一的車站／C.綠線交會處／D.白底黑字表示目前所在地，同時此處也是黃線交會處

Step 依標示找到正確月台

終點站

月台

貼心 小提醒

投現注意事項

如果沒有使用信用卡付款的玩家，使用現金支付時，請記得準備足夠的零錢，最好準備20克朗以下現金，因為有部分機器無法投擲50克朗。

打票注意事項

・使用時再打票，不要提早打。
・不得重複打票：只要在第一次搭乘時打票。
・重複打票則此票作廢。
・打票機的地點：公車與電車車廂裡皆設有打票機，唯有地鐵，打票機不在地鐵車廂內，而是在地鐵入口尚未抵達手扶梯前。
・通常查票員會站在地鐵車廂內查票，或是在下手扶梯後查票。

布拉格市區交通篇

Step 5 查看時間顯示表

布拉格的地鐵在尖峰時段平均1.5分鐘一班，週末離峰時段約6分鐘一班。可以查看時間顯示表，知道列車何時進站及確認搭乘方向是否正確。

▲顯示列車於40秒後進站

▲顯示終點站為Zličín

Step 6 上下車別忘了按開門鈕

如果沒有按開門鈕，就算到站也不會開門喔！下車同樣也要按此鈕，門才會開啟。

Step 7 找到正確的出口

出站前可以查看標示，確認哪裡是你要去的出口。

A.方向 / B.此處會有的設施 / C.路名與區域 / D.此方位主要地標 / E.此處巴士前往的地方

貼心 小提醒

捷克查票規定

・查票員的服裝並沒有統一的規定，但查票前他們一定會秀出查票徽章。

・逃票罰款800克朗。

・拒絕查票罰款400克朗，並且查票員會去報警，讓警察盤查身分，如果被查到沒有帶護照罰款2,000克朗。

・使用短時間票券的旅客，一定要保留車票直到出站，不要隨手丟棄，以免遇到查票。

▲查票員的徽章

路面電車與巴士

路面電車和巴士都是24小時行駛。

路面電車

布拉格的路面電車為24小時營運，深夜會轉成夜班車，由00:00開始到05:00結束，夜班車約半小時一班，民眾同樣可以使用布拉格大眾交通票券搭乘，不需要額外購票。(路線圖請見封面裡)

巴士

在布拉格主要市中心，包含觀光區，乘車都是以路面電車為主，而巴士的功能主要是連接郊區的交通，並且提高布拉格整體交通的便利度。在捷克搭巴士，基本上大站都會主動停靠，但若擔心巴士呼嘯而過，還是可以招手示意搭車。

▲ 布拉格的路面電車已是世界前三高乘載量的電車

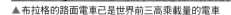

▲ 巴士禁止飲食，若不配合司機可以制止或是請乘客下車

搭乘路面電車與巴士Step by Step

Step 1 購票

購票步驟及票價訊息請參考P.76、78。

Step 2 確認所在地及目的地

A.所經交通工具 / B.所在地
站名 / C.交通工具行徑方向 /
D.日班電車 / E.日班巴士 /
F.夜班巴士 / G.夜班電車

Step 3 查看時刻表

A.車班號碼 / B.斧頭代表工作日，週一～五 / C.圓圈內的6表示週六 / D.十字架代表週日 /
E.往每一站所需時間 / F.底線表示目前所在地 / G.小時與分鐘 / H.三角形內的M字表示地鐵站
/ I.通工具種類 J.黑底表示夜班車

Step 4 上車後打票

電車與巴士打票處與
地鐵不同，電車和巴士
都是上車之後才打票。
購買票之後，僅需要第一
次使用時打票，期效時
間內都不需要再打票。

◀ 將車票插入打票機上的打
票孔，就會自動打上時間

Step 5 上下車別忘了按開門鈕

◀ 如果沒有按開門紐，就算到
站也不會開門

路上
觀察 **為什麼布拉格大眾
運輸要查票，而不
是刷卡進站呢？**

很多人會問，為什麼歐洲要採信
任的查票制，這樣不會使得大眾
運輸的營運出現赤字嗎？根據統
計，布拉格一年抓到的逃票人口
數是20萬人，一個人罰800克朗，
換算下來一年有1億6千萬克朗，
所以查票制的所得其實和刷卡進
站的收入差不多喔！

機場、著名的觀光景點都會看到FIX和Tick Tack的計程車。

計程車

布拉格的計程車多半是黃色、白色以及綠色，政府對於計程車的顏色並沒有一定的規定，顏色是以計程車公司的設計為主。

除了黑頭車為高級的計程車以外，其餘顏色的計程車皆是依里程計價，但各家計程車公司計價標準不同，起跳價約40克朗，布拉格市區內一公里收費21～28克朗，每行駛一分鐘加收5～6克朗，除此之外並不會再額外收取其他費用。通常機場到舊城廣場，費用約500克朗左右。

布拉格知名計程車公司：Tick Tack、AAA、radiotaxi、City Taxi、Green Taxi、Modrý anděl。另外Uber在布拉格也是新興的交通工具，只要使用Google Map就可以連線叫車。

布拉格計程車司機良莠不齊，時有超額收費的情形。布拉格的公共運輸非常方便，因此可以盡量使用大眾運輸工具。

捷克語指指點點
交通篇

Metro 地鐵	**Tramvaj** 電車	**Jízdenka** 車票
Pokladna 售票櫃檯	**Příští zastávka** 下一站	**Sazba** 計費
Účet 收據	**Přestu** 轉車	**Nastoupit** 上車	**Vchod** 入口

Výstup 出口	**Vystoupit** 下車	**Kolej** 月台	**Kde je stanice metra?** 地鐵站在哪裡？

Kde je autobusová zastávka? 巴士車站在哪裡？	**Kde je nejbližší zastávka tramvaje?** 最近的電車站在那裡？
Kde se kupují jízdenky? 哪裡可以買車票？	**Jede tato tramvaj na Pražský hrad?** 這輛車有到布拉格城堡嗎？

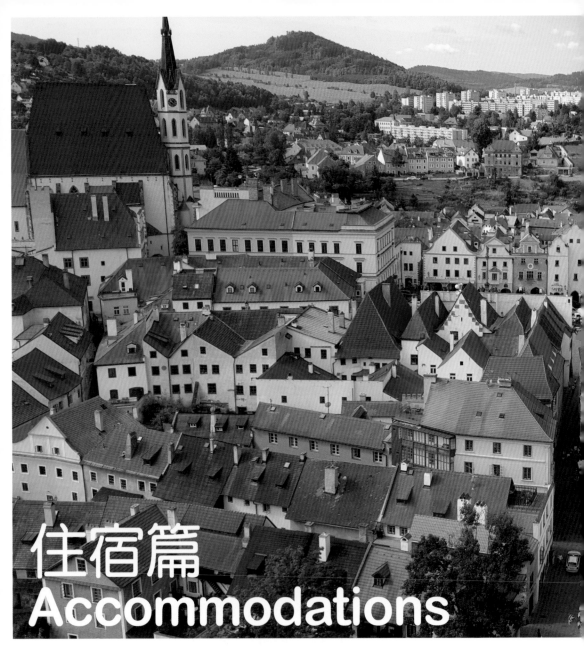

住宿篇
Accommodations

來到捷克旅行，有哪些住宿選擇呢？

捷克的住宿選擇多，有新型態的短租公寓、省荷包的青年旅館、高級的百年星級飯店，
還有河岸旁的船屋。本篇將介紹實用又便利的住宿選項，讓玩家可以根據個人需求一一挑選。

住宿種類

短租公寓是時下背包客的新寵兒。

飯店、青年旅館

　　旅客到布拉格旅遊，基本上會選擇飯店 (Hotel)或是青年旅館(Hostel)。飯店提供給預算充足的玩家，青年旅館則是給預算較少的背包客，而這兩種住宿類型都有櫃檯人員，若需幫忙，24小時皆有人協助。接下來將介紹新型態的住宿，因為人事成本變少了，反而讓價格和住宿條件變好了。

▲位於伏爾塔瓦河旁的洲際飯店

▲位於布拉格Florenc公車總站旁的青年旅館

新型態的民宿

　　許多遊客在自助旅行時喜歡住在民宿，也就是當地人開的私人住宿。台灣人認知的民宿，多半是指像Pension的住宿型態，地方雖遠，但空間大，房屋有特色。在寸土寸金的大都會，民宿則出現很多變化，如含早餐的家庭旅館(B&B)或是公寓型旅館(Apartment Hotel)，現在也很流行的短租公寓(Rental)，因不須與房東一起住，私密性較高，因此很受歡迎。

▲Pension通常是屋主在鄉下或山上買地蓋成的別墅

住宿篇

各住宿類型比較表

種類	優點	缺點
飯店(Hotel)	住宿品質有一定的保障、入住時間彈性	價格較高
青年旅館(Hostel)	便宜、入住時間彈性	與多人同住一房,隱私不足
公寓型旅館 (Apartment Hotel)	有自己的廚房,方便料理	價格較高、不含早餐
含早餐的家庭旅館 (B&B)	價格包含早餐	屋主同住,隱私不足
短租公寓(Rental)	有自己的廚房,像自己家一樣,不需與屋主同住	住宿品質不一(環境問題),需與屋主約時間拿鑰匙
郊區民宿(Pension)	房屋有特色	交通不便,屋主多半不會英文

＊製表／黃以儒

特色住宿：船屋

　　船屋在布拉格是一大住宿特色。位於伏爾塔瓦河上的船屋,不僅可以在頭等席上看城堡和查理大橋外,更是一個看夜景的好地方,雖然價位較高,卻是一次很特別的體驗。不過,船上有點顛簸,玩家訂房前請先考慮自己的身體情況。

■Matylda船屋

✉ Masarykovo náb eží, 110 00 Praha l

http www.botelmatylda.cz/en

▲Matylda是布拉格知名的船屋,船上也可以用餐

貼心 小提醒

訂房注意事項

■儲存或列印住宿證明

　　提醒玩家記得儲存或是列印住宿證明,最好是當地語言版本與中文版兩種,畢竟當地人看不懂中文。

■小心重複付款

　　有些飯店會直接從訂房時的信用卡中扣錢,有的是當場收費,請仔細確認,免得被多收兩次房費。

■注意訂房時是否含稅,以及最終總價為多少

　　許多訂房網在公布房價時,是沒有含稅的,請細讀內容,並且看是否有額外的費用,如每人每晚的城市稅、清潔費、床單被單費用等,這部分的價錢請見P.93「上網訂旅館Step by Step」Step3的B部分。在比價之餘,玩家千萬不要忘了檢查Step3,免得最終房價與期望中的不同。

Booking.com訂房網住宿選擇最多。

透過訂房網站的篩選，可以找到適合自己的住宿。幾個知名的網站：Agoda、Hotels.com、Expedia、Booking.com、Airbnb，都是大家普遍使用的訂房網站。以下將以Booking.com作為訂房網的介紹，因就露露使用發現它選擇性多，數量也最大，因此在此介紹Booking.com的使用方式。

住宿型態比較

訂房網站	特色
Agoda	網頁版面好看，以亞洲區的住宿選擇為多
Hotels.com	註冊為會員，可以獲得較多優惠
Expedia	機＋酒的優惠比較多
Booking.com	住宿選擇多，數量最大，是歐洲人最普遍使用的網站
Airbnb	以新型態的短租公寓為主，但住宿品質不一

＊製表／黃以儒

上網訂旅館 Step by Step

http booking.com

Step 1 前往Booking.com網站

首先，你可以先註冊成為會員，成為會員的好處是，可以儲存瀏覽紀錄，若是住宿確認單遺失，也可以到會員中心找回。

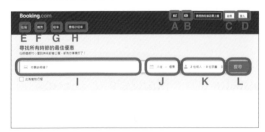

A.貨幣選擇／B.語言選擇／C.註冊成為會員／D.登入／E.尋找住宿／F.尋找機票／G.尋找租車／H.尋找機場計程車／I.輸入旅遊目的地／J.住宿日期／K.住宿人數／L.搜尋

Step 2 挑選喜歡的住宿空間

在分類搜尋中，還可利用客製化的分類，選擇符合條件的住宿空間。

A.搜尋結果／B.空房情況／C.分類搜尋／D.預算／E.熱門篩選（分類搜尋中還有各種客製化的分類）

住宿篇

Step ③ 查看空房情況

查看是否還有空房,也可以檢視客房評價。另外,可以選擇無訂金的訂房政策,按下預訂。

A.可以查看評價 / **B.**房價包含的內容 / **C.**預訂政策(可以選擇無須訂金的訂房政策) / **D.**房間數量 / **E.**資料無誤便可以按下預訂

Step ④ 輸入個人資料

輸入個人資料後,請確認可以免費取消的時間、住宿費用及取消訂房時會收取的費用。

◀ **A.**輸入個人資料 / **B.**幫別人訂房 / **C.**最晚可以免費取消預訂的時間 / **D.**住宿的實際總費用 / **E.**逾時取消訂房會收取的費用

Step ⑤ 輸入信用卡資料

信用卡持有者最好和住宿者為同一人,避免有些飯店會因此拒絕入住。另外,網站為了確保預訂人會實際入住,因此會將房費從信用卡中凍結,實際入住後才會收取房費。

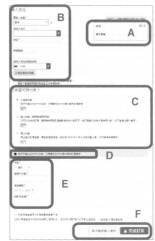

A.確認姓名及電子郵箱 / **B.**輸入地址與手機 / **C.**希望何時付款 / **D.**確認預訂人會實際入住,因此將房費先從信用卡中凍結 / **E.**輸入信用卡資料 / **F.**完成預訂

捷克語 指指點點 住宿篇

Datum příjezdu 入住日期	**Datum odjezdu** 退房日期

Fén 吹風機	**Wi-Fi zdarma** 免費Wi-Fi	**Snídaně** 早餐

Koupelna 浴室	**Oddělené postele** 單人房	**Manželská postel** 雙人房

Parkoviště 停車場	**Recepce** 服務櫃檯	**Rychlovarné konvice** 電熱水壺

飲食篇
Gourmet

走！到捷克吃吃喝喝！

用餐前說一句「Dobrou chu！用餐愉快！」，!是每一個捷克人的習慣與禮貌。
本篇將一一介紹捷克人的用餐習慣與飲食方式，還有許多美味可口的各式料理，
讓玩家更輕易地融入當地生活，讓這趟旅行增添更多回憶。

捷克用餐須知

了解捷克人的飲食文化，可以更貼近他們的生活。

捷克人的三餐

捷克人的早餐

捷克人的傳統早餐以麵包為主，這種麵包稱為Chléb或是Rohlík，再搭配抹醬就更完美了。捷克人喜歡一種稱為Tvaroh的抹醬，中文是奶渣，將牛奶中的乳清分離後所得的抹醬，有點酸酸的味道，像是固體的酸奶。

▲ 捷克的百年咖啡館「羅浮咖啡廳」是許多玩家吃早餐和下午茶的首選

▲ 捷克人早餐會吃的麵包，通常是超市中販售的法棍

 豆知識

羅浮咖啡廳(Café Louvre)

1902年開幕的羅浮咖啡館在當年是布拉格最現代化的咖啡館，不但設有電話，更是首座使用現代燈泡的咖啡館，這裡也是捷克第一個舉辦女性沙龍的地方，因此吸引許多知識分子聚集於此。只可惜到了1948年，被蘇聯共產政權下令關閉，一直到1992年後才又再次營業。此外，時代感的裝潢以及親民的價格，也是吸引許多人造訪的原因。

✉ Národní 22, Nové Město

捷克人的午餐

一般來說捷克人的午餐幾乎都會吃得很豐盛，而且是有菜有肉的熱食，通常還會搭配湯，但現代人講求健康則會以沙拉代替。

▲午餐時間許多餐廳都會推出商業午餐，價格約在200克朗以下

▲一般捷克公司午餐時間為1小時，通常12:00～14:00購物中心裡的美食街都擠滿人

捷克人的晚餐

捷克人的晚餐和午餐不同，午餐為熟食，而晚餐則是冷的，主要是將麵包切片，與鹹的沙拉和火腿搭配一起吃。晚餐常見的熟食店：Libeřské lahůdky，專門賣切片麵包，還有像是潛艇堡一樣的三明治。

豆知識

捷克的奶類加工品

因為飲食文化的關係，亞洲人對於奶製品的認識不深，因此在逛捷克超市時會充滿疑惑，以下簡單介紹捷克超市常見的奶製品。

■**奶渣(Tvaroh)**：麵包的抹醬，不僅捷克人喜歡，也深受東歐人喜愛。口感像是濃縮的優酪乳。

■**硬質起司**：可以加在沙拉、冷盤、義大利麵或三明治中，因為遇熱就會融化，可以添增更多奶香味。捷克超市中常見的是埃德姆起司(Eidam)。

■**軟質起司**：軟質起司分成很多種，最常見的就是用於沙拉中的瑪芝瑞拉起司(Mazzerella)，還有當作抹醬的瑞卡達起司(Ricotta)。

◀▲捷克人通常會到熟食店購買三明治(Chlebíčky)，超市中也設有熟食店專區，提供省時又便利的晚餐

餐廳用餐Step by Step

捷克一般餐廳的用餐文化，與台灣餐廳有所不同，通常習慣程序如下：

Step 1 注意服裝與入座方式

在捷克一般餐廳用餐，可以抱著輕鬆的態度面對，穿著只要乾淨不要太居家即可。高級一點的餐廳需要帶位，但大多數的餐廳則是讓客人自己找位子，入座後服務生就會拿菜單過來。

Step 2 點飲料或酒類

一開始點餐時，服務生會先問你要喝什麼飲料，這時大多數的人會點酒類，而啤酒也是餐廳中最受歡迎的飲料。因為捷克大部分餐廳沒有付免費的開水，有需要的人也可以單點，單點水的費用大概是一公升80克朗。若不是在快餐店用餐，捷克人在用餐時多半都習慣會點飲品，甚至一次喝上好幾種。

Step 3 點餐

當服務生將飲料送上後才會開始點食物，如果時間比較趕，也可以在點飲料時一併點好餐點。點餐雖然也分為沙拉、湯、主餐，但不需要每樣都點，可以按照個人的食量點餐。

Step 4 點飯後甜點

用餐結束後，服務生會再度上前詢問，是否需要飲料或甜點，此時才會開始點咖啡與甜點。雖然以上是一般在捷克的用餐情況，但不要因為捷克人的點餐習慣，就讓自己在表達飲食習慣上有所顧忌，若是想一次將主餐、飲料及甜點點好無妨。

Step 5 結帳

買單時，請以招手或眼神示意服務生前來結帳，千萬不要有身體上的碰觸。店員看到後，會將帳單遞上，然後離開，之後只要將現金或是信用卡放在桌上，店員便會再次前來，無須再次招手。

Step 6 小費

在捷克並沒有明文要給小費，也沒有規定比例，但觀光區有些店家會主動要求小費，玩家可以選擇給或不給。若要給小費，可以支付10%或是抓整數即可。若是到餐廳用餐的話，多數人會依據服務品質給小費，以表達自己對於餐廳的滿意度，一般而言也是以10%作為支付標準。

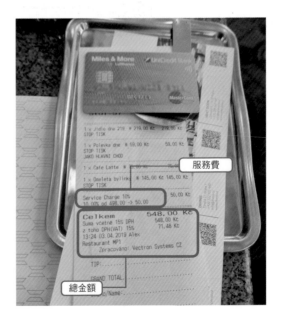

服務費

總金額

▲ 不同品牌的扎啤是每間小酒館的特色，從桶子裡直接打起來的扎啤，濃濃的麥香味是最好的選擇

貼心小提醒

用餐注意事項

■ **免費開水**：約95%的餐廳沒有提供免費開水，一般店家販賣的水會比啤酒貴，約1公升80克朗，但並不建議玩家自己攜帶瓶裝水到餐廳喝。若不想點水或酒，可以點水果茶，約40克朗。

■ **擺在桌上的麵包**：有些餐廳會在提供菜單時同時擺上一籃的麵包，但不是每家店都會免費提供，可以先行詢問。通常一籃麵包依照人數做分量的安排，費用是一人35克朗，如果不需要記得請讓店家一開始就拿回去，否則之後即便沒有食用，也會算在帳單中。

■ **匯率**：建議結帳前，不論刷卡或是付現一定要看過發票後才結帳，結帳時請選擇克朗(即便是歐元卡，也是刷當地貨幣較划算)，若不是要用歐元結帳，一定要先詢問匯率。

小酒館吃點東西，回家後再吃簡單的切片三明治。

小酒館裡會有大電視，每年的冰上曲棍球賽季總是擠滿著人。小酒館在捷克語裡是Hospodě，和啤酒Pivo和Hospodě是每個學習捷克語的人第一堂課要會的詞語，從這一點就可以知道小酒館對於捷克人生活的重要性。

小酒館文化

捷克人一般喜歡到小酒館喝啤酒，多數男性會選擇下班後去喝一杯再回家，因此小酒館成為捷克人發展社交網絡的重要場所。小酒館裡提供的食物較為簡單，像是薯條、香腸等，通常大家會在

▲ 布拉格市中心超熱門的小酒館Lokál
✉ Dlouhá 33, Staré Město

行家祕技 露天酒吧

因為捷克沒有冷氣，所以夏天到露天酒吧喝啤酒消暑，是捷克人常見的活動。在這裡推薦玩家一個可以看夜景的露天酒吧！

■ **啤酒花園(Letná Zahradní restaurace)**
✉ Letenské sady, Praha 7

▲ 近年來啤酒車成為戶外飲酒的熱門選擇

捷克特色餐點

捷克因為歷史及地理之因，料理融合了中歐、義大利、俄羅斯菜系，而越南以及韓國料理都是現今人們喜愛的異國料理。捷克菜屬於中歐菜系，與德國和奧地利相同的有烤豬腳、炸雞排、炸豬排等，而最具捷克特色的則是燉煮料理，例如奶油燉牛肉或豬肉，以及燉鴨腿。

前菜

一種凍類的冷盤，裡面根據廚師的食譜放入各種食材，主要是火腿等肉類，也可以放入水煮蛋、黃瓜，甚至是青椒。肉凍在超市可以買到，也是冷晚餐的主要食材之一。

肉凍
(Šunkové závitky v aspiku)

炸起司
(Smažený sýr Cream)

炸起司是將起司用麵粉、雞蛋和麵包粉包裹，然後在鍋中煎炸。搭配塔塔醬或蛋黃醬，或是沙拉、馬鈴薯及薯條一起享用。在快餐店中炸起司不算是一道前菜，反而是一道正餐。

肉製品

沙樂香腸
(Salami)

Salami可能是被大家廣為熟知的義大利香腸，在捷克的肉店中也可以看到它的身影，以風乾發酵的方式製成。吃的時候不需要再另外烹煮，適合搭配紅酒享用之外，也是捷克人冷晚餐搭配麵包的首選之一，因此在肉店很多人會買已經切片好的Salami，搭配麵包食用。

肉餅
(Teplá sekaná)

Teplá sekaná是一種烤好的熟食，製作方式相當簡單，將絞肉混入洋蔥、蛋、鹽等香料，放入類似長形蛋糕的模具中，讓它定型後再放入烤箱。食用時再切片享用，最常搭配捷克麵包(Český Chléb)。

豬肉香腸捲
(Vepřová salsiccia)

Salsiccia是一種義大利香腸捲，餡料包含豬肉、草藥和鹽，在肉店有賣熟食或生食。熟食可以直接烤來吃，生食則適合回家料理，除了適合燒烤食用外也可以搭配義大利麵或義大利燉飯。

飲食篇

行家 秘技 肉店推薦

■我們的肉店(Naše maso)

我們的肉店屬於比較現代化的肉店,店裡乾淨,櫃檯人員會說英語,也有英語菜單,之前以漢堡聞名,但他們販售的傳統肉餅或是香腸味道也相當不錯。

✉ Dlouhá 727/39, Staré Město

🕐 週一～五10:00～20:00,週六10:00～18:00,週日休息

http www.nasemaso.cz/en

烤鴨肉 (Pečená kachna)

烤鴨肉的味道像是法式料理中的油封鴨,先醃製而後烤,與法國料理不同的是,配菜有蘋果燉白菜(雖然看不到蘋果,但可以吃到蘋果的甜味),或是紫色醃菜,再加上切片饅頭。價格大約250克朗左右。

主餐

捷克傳統的烤豬腳會配上醃酸黃瓜、酸菜絲(酸菜絲有白色跟紫色兩種)以及芥末醬,有些餐廳則是會配上饅頭作為主食。捷克的烤豬腳和德國的烤豬腳在於烤皮上的不同,捷克的豬腳在烤皮上相對較脆,比起德國烤豬腳更好咬。價錢則是300克朗上下,通常觀光區的價錢會再貴一些。

烤豬腳 (Pečené vepřové koleno)

Svickova是一道經典的捷克菜肴,也是來捷克必吃的美食之一。將牛腩或是豬肉用胡蘿蔔、芹菜、洋蔥等蔬菜醃製,再加入黑胡椒、杜松子、五香粉、月桂葉等香料燉煮,再淋上奶油煮成的醬汁作為佐醬。通常配菜有捷克的饅頭和酸甜蔓越莓醬。價格大約200克朗左右。

燉牛肉／豬肉佐奶油醬 (Svickova)

炸豬排或炸雞排 (Vepřový řízek or Kuřecí řízek)

炸豬排或雞排是常見的捷克家庭菜,尤其在平安夜時一定要吃,口感像是拍得比較扁的豬、雞排,通常搭配檸檬增添口感,價格約180克朗左右。

湯(Polévka)

傳統牛肉湯(Goulash)

這道菜是中歐的特色佳肴,有番茄香的羅宋湯做湯底,搭配牛肉和馬鈴薯,口味相當不錯。在早年為了溫飽也會搭配麵包製成湯品。在餐廳這道湯約180克朗(價差大約50~100克朗上下)。

廣場小吃

切片烤豬腳
(Šunka)

在廣場賣的小吃中,就屬烤豬腳最吸引大家的注意。不僅大隻豬腳的視覺震撼,放在爐上炭烤,香氣四溢,但價錢不算便宜,一份約250~350克朗(約100公克100克朗),有些小吃攤的價格甚至比餐廳還貴。

Halušky

Halušky是一道中歐家庭的庶民美食,幾乎每家都有自己的獨特食譜。Halušky料理方式是將食物做成湯團狀,看起來糊糊的像是燕麥,食材可以是麵團、麵條、馬鈴薯等,再搭配奶酪、山羊起司、培根等一起享用。100公克約50克朗。

蘭戈斯是一道類似披薩的匈牙利傳統菜肴。做法是將麵粉、酵母、鹽製成的麵包入油鍋炸。由於蘭戈斯價錢便宜且做法簡單,因此經常作為快餐食用。現今除了匈牙利之外,其他歐洲地方也可以買到蘭戈斯。

烤香腸
(Klobása na grilu)

雖然在肉店也可以吃到,但是廣場上現烤的炭香味更濃厚,因此是熱門美食之一。一隻烤香腸,搭配免費的捷克麵包Rohlík或是Chléb,價錢為80克朗左右。

蘭戈斯
(Langoše)

飲食篇

這道甜點是捷克人最愛的點心，與可麗餅的做法相同，唯一不同的是口感軟綿，經常搭配鮮奶油、蜂蜜、巧克力以及冰淇淋。

香煎薄餅 (Palačinky)

煙囪捲是將麵團卷起放在長條形的鐵器上，經過炭烤而成。原先是匈牙利的點心，傳入捷克後大受歡迎，成為旅客必吃的甜食之一，價錢也從最早的45克朗，上升至現今快破百元克朗。

煙囪卷 (Trdelník)

甜點

捷克的甜點以分量十足又便宜著稱。最常見的是捷克口味的蜂蜜千層蛋糕，口感扎實，這也是捷克點心的經典特色。還有其他的捷克傳統點心，約50克朗，在超市就可以買到，相當方便。

水果餡餃子 (Ovocné Knedlíky)

由發酵的麵團包著桃子、杏桃、草莓等，然後再用水煮熟。在醬料的部分用糖、奶酪、奶油做成，這道甜點吃下去相當有飽足感，不僅可以當作甜點，也可以當作主菜。

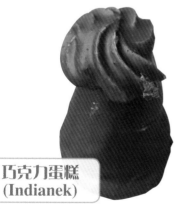

巧克力蛋糕 (Indianek)

這款巧克力蛋糕—捷克語直譯為印度女人，為何有著這麼獨特的名字？其實是因為印度女人音譯又指「甜蜜的吻」，適合比喻這款巧克力香甜的滋味。它的口感也相對豐富，外層是巧克力片，吃起來脆口，裡面則是鬆軟的奶油。

蜂蜜蛋糕 (Medovnik)

這道捷克甜點，與其說是蜂蜜蛋糕，更像千層蛋糕，一層蛋糕體加上一層的蜂蜜或是蜜糖，層層堆疊組合而成，分量也是十分扎實。蛋糕上面擺上的細核桃更增添了蛋糕的口感。

**奶油卷
(Kremrole)**

奶油卷是卷狀的酥皮糕點，裡面裝有鮮奶油，外面則是被脆脆的酥皮包裹，酥皮外撒上糖粉，口感像是酥脆的蛋捲，相當好吃，現在另有裡面加上卡士達醬或是草莓等的口味。

**椰子夾心餅
(Laskonka)**

由椰子粉和堅果做成的夾心餅乾，在捷克相當受到歡迎，一個大約15克朗左右，如果到捷克家庭做客，可能會吃到更多種不同口味的椰子夾心餅。

**泡芙
(Vetrnik)**

捷克泡芙名為vetrnik是指風車的意思，因為形狀像旋轉的風車而得名。捷克泡芙的特色是表皮又上了一層糖衣，吃起來有脆度，內層是軟綿的鮮奶油或是卡士達醬。

**皮爾森啤酒
(Pilsner Urquell)**

同時也是捷克在世界上最著名的啤酒，由皮爾森生產，以淺色啤酒、濃厚的麥香，以及啤酒花聞名。

啤酒

捷克是啤酒大國，捷克人民的人均啤酒量更是世界第一。在捷克喝到的啤酒大致包括以下幾種：淺色啤酒(Svetle)，這種啤酒麥芽味較重；深色啤酒(Tmave)或黑啤酒(Cerne)，這種啤酒甜味更重一些。一般而言，超市的啤酒最便宜，500ml大約15克朗；餐廳的啤酒大約是40克朗。建議大家在餐廳可以點新鮮的扎啤(Draft Beer)來喝，扎啤是一種打製啤酒的方式，而且價格與其他啤酒差不多。餐廳中最常提供的扎啤為皮爾森啤酒。

飲食篇

不但是最著名,也是銷量最好的黑啤酒,麥香的濃度最高。

山羊啤酒 (Kozel)

Braník啤酒

布拉格在地的啤酒。擁有啤酒花香氣是其特色,其中商標上的兩個天使象徵著布拉格。

Radegast啤酒

屬於年輕的啤酒,於1970年釀出第一桶,具有獨特的口味,但並不是每一個人都可以接受其味道。

Gambrinus啤酒

捷克最受歡迎的啤酒之一,顏色較深,帶有一點苦味,不斷的推陳出新各種新口味,例如檸檬、萊姆等,廣受年輕人的喜愛。

百威啤酒 (Budweiser-Budvar)

捷克的百威啤酒採用天然礦泉水製作而成,酒精濃度低,有淡淡的苦味。

餐廳推薦

捷克餐廳物美價廉，
一定要品嘗看看。

華麗的建築風格

帝國咖啡館(Café Imperia)

✉ Na Poříčí 1072/15, Petrská čtvrť ☎ +420 246 011 440 ◷
07:00～23:00 💲 人均500克朗 ➡ 電車Bílá labu ，步行約3分鐘
http www.cafeimperial.cz MAP P.135

帝國咖啡館至今有100多年的歷史，早期以招待
仕紳階級為主，富麗
堂皇的建築風格相
當吸引玩家的目光，
但價格來說也高了
一些，一人平均消費
在500克朗左右。

貓頭鷹網站前10名餐廳

U Kroka

✉ Vratislavova 28, Praha 2 ☎ +420 775 905 022 ◷ 11:00
～23:00 💲 人均400克朗 ➡ 電車Výto站，步行約3分鐘 http
www.ukroka.cz MAP P.139

知名貓頭鷹網
站評價前10名的
捷克餐廳，是內
行玩家必去的餐
廳之一，餐點好吃
外，服務也都會說
英文相當親切，不用擔心無法溝通。用餐前請先打
電話詢問空位，以免等待時間過長。

上班族最愛的小酒館

Potrefená Husa

✉ Národní 364/39, 110 00 Staré Město ☎ +420 734 756
900 ◷ 11:00～23:00 💲 人均500克朗 ➡ 地鐵黃線Můstek站，
步行約5分鐘 http www.potrefena-husa.eu MAP P.135

捷克知名連鎖餐廳Potrefená Husa，是捷克菜
餐廳以及小酒館的綜合版，因此也有許多人不是去
吃飯而是去喝酒看球賽。Potrefená Husa目前有
約15家分店，主要開在辦公大樓附近，主打對象為
上班族，兼具午餐以及小酒館的功能。

觀光客可別錯過

Kolkovna

✉ V Celnici 1031/4, 110 00 Nové Město 📞 +420 224 212 240 🕐 11:00～00:00 💲 人均500克朗 ➡ 地鐵Náměstí Republiky站，步行約1分鐘 🌐 www.kolkovna.cz 🗺 P.135

　　Kolkovna同樣是捷克知名的連鎖餐廳，主要開在觀光區附近，對觀光客來說非常便利，因為宣傳得宜，使得用餐時間時常需要排隊，建議要事先訂位。因為觀光客眾多，也傳有小偷在餐廳內埋伏，千萬不要將手機放在桌上，包包也必須小心，不要離開視線。

韓國人開的道地韓式料理

mamy

✉ Benediktská 1060/3, Staré Město 📞 +420 224 815 009 🕐 11:30～22:30 💲 人均約400克朗 ➡ 電車Dlouhá třída站，步行約5分鐘 🌐 mamyfood.cz 🗺 P.135

　　韓國至2010年後與捷克有許多經貿往來，除了在機場中可以見到韓語外，也有許多韓國人移民至捷克，因此帶來了道地好吃的韓式料理，共和廣場附近的mamy便是一個成功的例子。

捷克知名連鎖甜點

Ovocný Světozor

✉ Vodičkova 39, Praha 1(位於市中心瓦茨拉夫廣場上) 📞 +420 774 444 874 🕐 08:00～20:30 💲 人均約100克朗 ➡ 電車 Václavské náměstí站，步行約1分鐘 🌐 www.ovocnysvetozor.cz 🗺 P.135

　　Ovocný Světozor是捷克知名甜點連鎖店，也是少數需要排隊的甜點店，不只有賣蛋糕、冰淇淋，也有賣切片三明治(Chlebíčky)，每到晚餐時間人特別多。部分店家在關店前一個小時會祭出8折優惠。

精緻時尚的蛋糕

Cukrárna - kavárna Saint Tropez

✉ nám. Republiky 1078/1, Nové Město 📞 +420 222 524 333 🕐 08:00～19:00 💲 人均約200克朗 ➡ 電車Václavské náměstí站，步行約1分鐘 🌐 cukrarnatropez.cz 🗺 P.135

　　從1934年便開業的甜點店，現今走精緻時尚的蛋糕路線，雖然價格偏高，但位於瓦茨拉夫廣場的古老建築內，吸引很多人前往享用美食並欣賞漂亮的建築。

少女最愛的法式蛋糕
IF

✉ Tylovo Nám. 2, 120 00 Vinohrady-Nové Město ◎ 08:00
～19:00 💲 人均約200克朗 ➡ 地鐵I.P. Pavlova站，步行約3分
鐘鐘 http ifcafe.cz MAP P.135

IF是新型態的時尚蛋糕連鎖店，主打法式蛋糕，
搭配店裡法式浪漫的裝潢，在布拉格掀起一陣少
女的小旋風。

簡約裝潢的越式餐廳
Bánh Mì Makers

✉ Dlouhá 727/39, Staré Město 📞 +420 608 967 210 ◎
08:00～22:00 💲 人均約200克朗 ➡ 電車Dlouhá třída站，步行
約2分鐘 http www.banhmimakers.com MAP P.135

因捷克過去是共產國家，早年收留了許多越南
難民，因此越南餐廳隨處可見。捷克的越南餐廳價
錢平價，口味也相當道地，是平日用餐的好選擇。
現今也有許多裝潢現代化的越南餐廳，例如Bánh
Mì Makers，位於布拉格市中心共和廣場附近，簡
約的木頭裝潢，乾淨俐落，也顯示新一代越南人的
品味。

主打有機的素食餐廳
Country Life Restaurant

✉ Melantrichova 463/15, Staré Město 📞 +420 224 213
366 ◎ 08:30～19:00 💲 人均約300克朗 ➡ 地鐵Můstek站，步
行約5分鐘 http www.countrylife.cz MAP P.135

Country Life Restaurant是一家主打有機的餐
廳，以自助餐為主，除了一般的蔬果外，也可以享用
純素點心，店內也設了有機商鋪。

知名的義大利餐廳
Grosseto

✉ Francouzská 79/2, Praha 2 ☎ +420 224 252 778 🕐 11:30～23:00 💲 人均約400克朗 ➡ 地鐵Náměstí Míru，步行約1分鐘 🌐 www.grosseto.cz 🗺 P.135

布拉格街頭巷尾隨處可以見到寫著Pizza字樣的義大利餐廳，地鐵站外也有販賣Pizza的小店，一個八分之一的Pizza約40克朗。而Grosseto是布拉格有名的義大利餐廳，他們賣的Pizza也相當好吃。

口味多元的創意壽司
Yami Sushi

✉ Gurmet Pasáž Dlouhá 39, Staré Město, Praha 1 ☎ +420 222 311 078 🕐 11:00～22:00 💲 人均約500克朗 ➡ 電車Dlouhá třída站，步行約2分鐘 🌐 www.yamibistro.cz 🗺 P.135

在捷克的亞洲料理中除了越南菜受歡迎外，壽司也大受大家喜歡，到處都可以看到賣壽司的店，其中Yami Sushi的壽司口味多元，它的創意壽司更是熱門。

道地的中國菜肴
上海飯店

✉ Anglická 521/4, 120 00 Vinohrady 🕐 11:00～22:00 💲 人均約500克朗 ➡ 地鐵I.P. Pavlova站，步行約7分鐘 🗺 P.135

中餐館在捷克到處都是，尤其是布拉格，主要是以快餐為主，中餐館的廚師幾乎都是中國人，當吃不慣異國料理時，中餐也是一個不錯的選擇。

開發創意料理的素食餐廳
Etnosvět

✉ Legerova 1832/40, Nové Město ☎ +420 226 203 880 🕐 12:00～16:00、17:00～23:00 💲 人均約500克朗 ➡ 地鐵I.P. Pavlova站，步行約5分鐘 🌐 etnosvet.cz 🗺 P.139

現在越來越多捷克人吃素，並非宗教之因，而是主張選擇更健康的蔬食，也因此素食餐廳也越來越多。Etnosvět就是一家友善素食者的餐廳，標明各種食材，還會不斷開發充滿創意的新菜色。

捷克菜單

主餐Hlavní jídlo

奶油醬牛肉搭配捷克饅頭	Svíčková na smetaně, knedlík
燉牛肉搭配捷克饅頭	Hovězí guláš s knedlíkem
炸豬排	Vepřový řízek
炸雞排	Kuřecí řízek
炸起司	Smažený sýr
炸蘑菇	Smažené žampiony
炸花椰菜	Smažený obalovaný květák
烤鴨肉	Pečená kachna
烤豬腳	Pečené vepřové koleno
烤雞搭配馬鈴薯	Pečené kuře s brambory
牛肉	Hovězí
魚	Ryba

湯polévky

蒜頭湯	Česneková polévka
馬鈴薯湯	Bramboračka polévka
蔬菜湯	Zelná polévka
牛肉湯	Hovězí vývar

沙拉salát

混合沙拉	Míchaný salát z čerstvé zeleniny
凱薩沙拉	Salát Caesar
自製鴨胸沙拉	Salát s domácím zauzeným kachním prsíčkem
山羊奶酪沙拉	Rozpečený kozí sýr

附餐PŘÍLOHY NA PŘÁNÍ

炸薯條	Smažené hranolky
馬鈴薯泥	Bramborová kaše
燉米飯	Dušená rýže
烤蔬菜	Grilovaná zelenina
培根豆莢	Fazolové lusky na slanině

甜點Dezerty

水果餡餃子	Ovocné Knedlíky
香煎薄餅	Palačinky
冰淇淋	Zmrzlina

飲料Nápoj(不含酒精Nealko)

自製檸檬汁	Domácí limonády
蘋果汁	Jablečný džus
柳橙汁	Pomerančový džus
咖啡	Káva
紅茶	Černý čaj
水	Voda
礦泉水	Minerálka voda

啤酒Pivo

扎啤	Čepovaná piva
瓶裝啤酒	Lahavové pivo
黑啤酒	Černý pivo

酒Vino

紅酒	Červené víno
白酒	Bílé víno

捷克語
指指點點
飲食篇

Pivo 啤酒	**Nápoj** 飲料

Knedlík
捷克饅頭和麵團

Omáčka
醬料

Snídaně
早餐

Oběd
午餐

Večeře
晚餐

Jídelní lístek
菜單

Ubrousek
餐巾紙

Účet
帳單

Na zdraví!
乾杯

Dobrou chuť!
用餐愉快

Můžu si objednat?
我可以點菜了嗎？

Můžete mi přinést jídelní lístek?
__個人用餐／A table for __, please

Borga með kreditkorti
信用卡支付。

Můžu si objednat.
我要結帳了。

Můžete doporučit?
請問你推薦什麼菜色？

Dám si pivo.
我要啤酒。

Zaplatíme!
請幫我們結帳！

Můžu zaplatím kartou?
我可以刷卡嗎？

購物篇
Shopping

在捷克，有什麼東西好買？

捷克是歐洲消費較為便宜的國家，因此可以在當地買到許多物美價廉的商品，
甚至其他歐洲國家的商品，在捷克買也相對便宜。捷克水晶舉世聞名，不論品質和價格CP值都很高，
也是玩家們到此必買的紀念品。還有哪些必買的商品？本篇將一一介紹，讓你成為捷克的購物達人。

捷克購物與退稅

最大的折扣會出現在1月初～1月底。

最佳購物時機

捷克和歐洲其他國家一樣,每年的夏季(約6月底)和冬季(約12月中旬後)都有折扣活動,而且最吸引人是折扣期很長,尤其是冬季折扣,通常從聖誕節前(約12月中旬)開始,一直到1月31日結束,而且大量的折扣會出現在1月初～1月底,想要買各大品牌的人可以把握這個時間。如果想要買精品,可以把握聖誕節前夕和復活節兩個時間。

退稅規則

歐洲的課稅重,但如果你是非歐盟居民,在離開歐盟時,可以獲得退稅,這對於觀光客來說不僅是一個福利,也更能促進買氣。

退稅須知

■必須是非歐盟居民。
■必須是可退稅商品。
■店家有提供退稅服務(購買前先問店員是否可以Tax Free,這樣才可以索取退稅單)。
■一天內在同一間商店消費滿2,001克朗。
■購物之後,三個月內會離開歐盟。
請注意 挪威、瑞士是屬非歐盟區。

退稅比例

試算可退稅金額 http ppt.cc/fTJ0dx
■一般商品(除不可退稅商品外)可退21%。
■書籍、藥品、眼鏡可退15%。
請注意:退稅雖是以21%或15%計算,但退稅公司會收取手續費!實際上可以拿到的錢是,2,001～49,999克朗約12%,50,000～59,999克朗約13%,以此類推。

不可退稅商品

■食品和酒精
■武器
■汽車

退稅步驟介紹

在捷克有兩家公司負責退稅,Global blue(退稅單是藍色)、Primier tax free(退稅單是橘色),退稅規則皆相同,唯一不同的是發錢單位,至於由Global blue或是Primier tax free支付,則是看店家與哪家公司合作而定。

Global blue tax free ▼

▶ Primier tax free

購物篇

如何填寫退稅單

退稅一點都不難，只要跟著退稅步驟走，便可輕鬆地拿到退稅。請注意 退稅單上的稅金不代表退稅金額，還必須扣手續費。Global Blue為每筆80克朗手續費，Primier則以百分比計算。

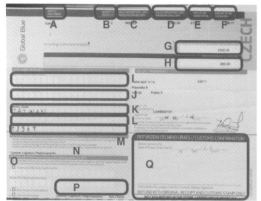

A.商品 / B.數量 / C.稅前價格 / D.含稅後價格 / E.此項商品政府課的稅比 / F.稅金 / G.商品銷售金額(含稅之後的總價) / H.退稅金額 / I.姓+名 / J.住家地址 / K.國家 / L.電子信箱 / M.電話(含國碼) / N.顧客簽名 / O.退稅方式(信用卡、支付寶、支票、現金) / P.顧客簽名 / Q.海關蓋章處

退稅步驟

在捷克退稅有兩種方式，一種是直接在市中心的退稅公司完成退稅手續，另一種是在機場辦理退稅手續，但兩種都必須在離境時蓋海關章。在市中心退稅必須用本人的信用卡進行擔保，以防旅客沒有離境，或是在離境時忘了蓋海關章。在蓋海關章時必須出示護照、商品(未使用過)、離開歐盟的登機證以及退稅單。

Step 1 領取退稅單

Step 2 填寫退稅單

Step 3 至退稅公司或機場辦理

Step 4 離境前蓋海關章

Step 5 投遞退稅單

▲ 在機場，兩間退稅公司都可以辦理各國退稅單

務必記得投遞信箱，才能寄▶到退稅公司，取消信用卡抵押

兩種退稅方式比較

城市	優點	缺點
市中心辦理退稅	退稅公司會直接退克朗，可以直接在當地消費，或是去換匯所換錢	只提供玩家於捷克消費時所開的退稅單，他國的退稅單，一律在機場辦理
機場辦理退稅	各國退稅單皆可受理	機場換匯由克朗換成美元、歐元約損失10%

行家祕技 退稅公司的退稅點

Global blue市中心退稅點
・PALLADIUM1樓
✉ Namesti Republiky 1, Prague 1
🕐 09:00～21:00

・Erpet
✉ Staromestske namesti 27, Prague 1
🕐 10:00～19:00

・VAN GRAAF
✉ Václavské náměstí 17, Prague 1
🕐 10:00～19:00

Primier tax free市中心退稅點
・Kotva4樓
✉ Náměstí Republiky 8, shop Bibloo, Prague
🕐 09:00～20:00

・Botanicus
✉ Týn 3, Ungelt - Botanicus, Prague
🕐 10:00～19:00

・Manufaktura
✉ Melantrichova 17, Prague
🕐 10:00～20:00

百貨公司及精品店

匯集世界各大品牌，尤其是歐洲的品牌比台灣更便宜。

　　歐洲的購物文化沒有像台灣這麼盛行，所以百貨公司較少，但也相對較集中，通常一家百貨公司就可以買到所有品牌。在百貨公司及精品街購物時，記得要拿退稅單，這樣可以幫荷包省飽飽。

連鎖百貨公司

Palladium 200 shop

　　布拉格市中心最熱鬧的百貨公司，位於地鐵站Náměstí Republiky出口處。

✉ nám. Republiky 1078/1, Nové Město ◎ 10:00～22:00 http www.palladiumpraha.cz MAP P.135

Nový Smíchov

　　布拉格市左岸的百貨公司，以平價以及家用品牌為主，位於地鐵站Anděl出口處。

✉ Plzeňská 8, Praha 5-Anděl ◎ 10:00～22:00 http novy-smichov.klepierre.cz MAP P.127

Centrum Chodov

　　布拉格最大的百貨公司，位於地鐵站Chodov出口處。

✉ Roztylská 2321/19, Praha 11 ◎ 10:00～22:00 http www.centrumchodov.cz

精品街、品牌店

巴黎大街(Pařížská)

　　捷克唯一的奢侈品大街，位於舊城廣場附近。

✉ Pařížská, Staré Město ◎ 10:00～19:00 MAP P.135

品牌店

　　布拉格購買潮牌或是大眾品牌的集中地，位於共和廣場附近。

✉ Na Příkopě, Nové Město ◎ 10:00～20:00 MAP P.135

日用品商店

迷你超市是晚歸族的好朋友，通常開到半夜。

　　日用品商店是捷克人生活中最常去的店鋪，因此市占率高，地點又好，基本上地鐵站旁都可以找到連鎖超市。

超市

albert、BILLA

　　市占率高，通常在百貨公司下，或是地鐵站旁。

✉ Albert Sokolovská 394/17, Karlín ✉ ABilla V Celnici 1031/4, Nové Město ◉ 07:00～23:00 MAP P.135

TESCO

　　TESCO和其他許多的大型超市一樣都有自助結帳區。

✉ Plzeňská 8, Praha 5-Andě ◉ 06:00～00:00 MAP P.127

藥妝店

ROSSMAN

　　在觀光區很容易發現ROSSMAN的身影，他們有出自有品牌的保養品和氣泡錠，都相當受歡迎。

✉ Rytířská 399/24, Staré Město ◉ 10:00～20:00 MAP P.135

dm

　　dm品牌旗下的Balea玻尿酸及保濕膠囊是女性的最愛。

✉ Vodičkova 30, Nové Město ◉ 10:00～20:00 MAP P.135

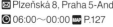

teta

捷克自營的藥妝店，主要以販售美妝為主。

✉ nám. Republiky 656/8, Staré Město ⏰ 10:00～20:00 🅜 P.135

手工保養品店

菠丹妮Botanicu

菠丹妮為捷克自產品牌，身受亞洲顧客喜愛，也是買舶來品送親友的十大選擇之一。

✉ Týn 640/2, Staré Město ⏰ 10:00～18:00 🅜 P.135

蔓菲羅Manufaktura

蔓菲羅為捷克自產品牌，身受捷克人喜愛，各大百貨公司都可以發現它的身影。

✉ Melantrichova 970/17, Staré Město ⏰ 10:00～20:00 🅜 P.135

書店

LUXOR

Luxor是捷克最大的連鎖書局，同時也是買明信片的好去處。

✉ Václavské nám. 820/41, 110 00 Nové Město ⏰ 08:00～20:00 🅜 P.135

鞋店

Bata

Bata是捷克國民品牌，是對抗石頭路的最佳武器，百貨公司都可以看到該專櫃。

✉ Václavské nám. 6, Můstek ⏰ 09:00～21:00 🅜 P.135

市集及古物店

逛市集和淘古物都是更貼近捷克人生活的方式。

市集是最貼近一般民眾的地方，最推薦玩家到河岸市集，在這裡可以品嘗到捷克媽媽的好手藝，但市集只能現金交易，出門前別忘了檢查荷包喔！

市集

哈維爾市集(Havelské tržiště)

哈維爾市集位於舊城區，地點方便，原本是舊城區中最能看到當地特色的市集，但因為觀光客越來越多，漸漸變成觀光景點。如果玩家想要體驗當地人的市集，可以到河岸市集或是農夫市集走一走喔！

✉ Havelská 13, Staré Město ⏰ 08:00～19:00 🗺 P.135

河岸市集(Prague flea market)

只有週六才會有的河岸市集，市集內賣各種自製產品(例如蛋糕、餅乾、釀酒等)、自種蔬果、手工藝品、二手商品等。

✉ náplavka Rašínova nábřeží, Praha 2 ⏰ 週六08:00～14:00，冬天或是氣候不佳不開放 ➡ 地鐵至Karlovo náměstí(往Palackého náměstí出口走)，抵達河岸 ℹ 多數店家賣完就會先離開，建議9、10點抵達 🗺 P.139

農夫市集

農夫市集就像台灣的菜市場,主要販售蔬果為主,也有一些人會將家裡自釀的酒或果醬拿出來賣,有時也可以找到捷克媽媽的私房菜,如糕點或水果茶等。農夫市集不是每天都有擺攤,下面有各地市集的時間,其中Holešovice市集規模最大,我個人喜歡逛Anděl的市集。

▶ 農夫市集沒有賣生鮮商品喔,如肉類、海鮮

▲ 除了蔬果外,也有不少賣花卉的店家

古物店

許多會到歐洲 去淘寶,找一找有什麼古董可以收藏,而捷克可以說是買小古物的好地方,在小城區可以發現很多可愛的小店,裡面賣的多半是19世紀末、20世紀初的古物,尤其是小配件,如檯燈、打字機、門把等。

小城區有很多店都很有意思,例如以下商店。

■Marionety Truhlář木偶店

✉ U Lužického semináře 5, 118 00 Praha 1-Malá Strana

■ArtSen畫廊

✉ Zámecké schody 187/4, 118 00 Malá Strana

▲ 位於城堡下的小城區依然保留著中世紀的感覺,可以找到藝術品或是畫作

推薦農夫市集

農夫市集	地址	交通指引	時間	特色
Holešovice	Bubenské nábř.306/13	搭乘電車至Pražská tržnice站附近	週一~五 07:30~17:00 週六08:00~13:00	占地大,日常生活用品,衣服鞋子,蔬果都有賣,蔬果的區域很大
Anděl	Nádražní 60/114	地鐵Anděl站出口(往Centrum方向)	週五07:00~19:00	以手工藝和熟食為主的市集
共和廣場	nám. Republiky, 110 00 Nové Město	地鐵Náměstí Re publiky站	週一~五 09:00~20:00	主要賣熟食或是紀念品,屬於觀光客市集
Tyl	Tylovo Nám., Nové Město, Praha 2	地鐵I.P. Pavlova站附近	週一~五 08:00~18:00	以蔬果為主,有點類似小農市場
Jirák	nám. J. z Poděbrad Praha 3	地鐵Jiřího z Poděbrad站出口	週三~五 08:00~18:00 週六08:00~14:00	

*製表／黃以儒

捷克
特色好物

超市必買

推薦捷克甜甜圈(Kobliha)、葡萄乾卷搭配香草奶油(Šnek rozinkový s vanilkovým krémem)、和楓糖口味的辮子麵包(Pletenec s javorovým sirupem)。大概在超市關門前一小時會有折扣，約10克朗。

麵包

啤酒

捷克啤酒品牌有Kozel、Pilsner Urquell、Budweiser-Budvar、Staropramen，每罐約10克朗。

FIDORKA

圓形巧克力餅乾，有點類似台灣的新貴派，外層是巧克力包裹著夾心餅乾，口感濃郁，口味選擇多，獨立包裝適合送人，約10克朗。

Lazenske oplatky

溫泉餅，起源於溫泉勝地賣的薄煎餅，而後變成捷克特產，味道就像台灣的法蘭酥餅乾，有巧克力、香草和榛果等口味，約60克朗。

發泡錠

豐富的維他命，選擇多，每家超市都有自己品牌的發泡錠，約30克朗。

TATRANKA

Tatranka是傳統的6層威化餅乾，有健康的無穀雜糧，也有包巧克力餡，或是椰子口味，約20克朗。

口味特殊，有點像枇杷糖，吃起來甜甜辣辣的，是可以掀起辦公室話題的糖果，約30克朗。

Hašlerky

BECHEROVKA

捷克人心中的養身藥酒，餐前喝一小杯幫助消化，味道特別，約170克朗。

BON PARI

捷克品牌的水果糖除了蘋果、橘子、葡萄、黑加侖等口味外，還會有蔬菜口味，例如紅蘿蔔等。約30克朗。

Milka、Orion、Merci、Lindt

這些包裝精美的巧克力，目前在台灣只能看到Lindt的身影，而Orion是捷克傳統的巧克力品牌。Milka、Merci則是德國的牌子，Merci巧克力因有獨立小包裝，很適合發送給辦公室的小夥伴。每款約80克朗。

軟糖JOJO、HARIBO

大人小孩都愛的水果軟糖，除了小熊造型外還有毛毛蟲、海豚等造型。JoJo和Haribo的產品幾乎一模一樣，但JoJo吃起來偏軟，Haribo吃起來較硬，約20克朗。

水果茶包 PICKWICK

水果茶是捷克人相當喜歡的飲品，除了果梅、橘子、檸檬外，生薑口味也相當受到捷克人喜愛。價格便宜，約20克朗。

藥妝店必買

Dermacol是近年來異軍突起的捷克美妝品牌，在商場中可以看見獨立的專櫃，其中又以超高遮瑕效果的遮瑕膏賣得最好，約100克朗。

DERMACOL遮瑕膏

Balea玻尿酸、保濕膠囊

Balea是德國藥妝店DM的自創品牌，主打美妝產品，玻尿酸系列產品更是每個玩家必掃商品，價差更是台灣的好幾倍，捷克販售的價格每盒約50克朗。

Haas維他命，以及每家藥妝店都有自己品牌的發泡錠，約30克朗。

kamill 小花護手乳

洋甘菊口味的護手霜，保濕度高，送人自用兩相宜。最推薦含有Q10成分的護手霜，保濕效果更好，約50克朗。

發泡錠

菠丹妮必買

天然手工皂

菠丹妮手工香皂，標榜使用純天然的材料以及傳統工法製作，口味眾多，如奇異果萊姆、杜松子和丁香等，其中最受歡迎的是玫瑰小黃瓜香皂，一個約110g約150克朗。

有乾性和油性皮膚之分，80g約100克朗。

死海尼手工皂

玫瑰眼晚霜

菠丹妮除了香皂外，玫瑰系列的保養品也相當有名，例如玫瑰晚霜就是使用高品質玫瑰油所做的滋潤乳霜，可以加強眼周的保濕，而且不含酒精，約450克朗。

玫瑰臉部按摩油，可以當作身體按摩油使用，也是菠丹妮系列中和台灣售價相差最多的商品，和台灣的價差大概1～2折，一瓶約550克朗。

玫瑰臉部按摩油

蔓菲羅必買

啤酒花洗髮系列

捷克人愛喝啤酒，也將啤酒花用於洗髮精上，使用完後會一股啤酒的清香，最大的特色是洗完頭髮不會乾澀，也不會有頭皮屑，約149克朗。

手工肥皂

玫瑰、啤酒花、磨砂手工皂都是熱賣商品，150g約129克朗。

購物篇

Supermarket 超市	**Knihkupectví** 書店
Drogérie 藥妝店	**Kosmetický** 化妝品

Mýdlo 香皂	**Šampon** 洗髮精	**Kabelka** 包包

Velikost 尺寸	**Zavřeno** 關門時間
Otevřeno 開門時間	**Tax free** 退稅
Celní 海關	**Máte tyto boty?** 你們有這雙鞋嗎？

Kde můžu najít supermarketu?
我可以在哪裡找到超市？

Kolik to stojí? 多少錢？	**Kdy otvíráte/zavíráte?** 你們何時開門／何時關門？
Jenom se koukám. 我隨便看看。	**Mohu mít účtenku, prosím?** 可以給我收據嗎？
Mohu dostat tašku, prosím? 可以請你給我袋子嗎？	**Chtěla bych tohle vrátit.** 我想要退貨。
Mohu si toto vyzkoušet, prosím? 我可以試一下這個嗎？	**Kde jsou kabinky?** 哪裡有試衣室？

玩樂篇
Sightseeing

來去暢遊捷克！

捷克是個富含歷史、文化、自然及幻想的國家，也是尼采口中最神祕的城市。
這是人們爭相前往的童話小鎮。在這裡，你可以找到所嚮往的一切。

布拉格左岸

布拉格是捷克首都,是每個來捷克的人必造訪的城市,也是歐洲最受歡迎的城市之一,除了深厚的歷史背景,還有多元的文化涵養,以及保留完整的建築和街道,布拉格因為地形的關係,擁有百座橫跨左右岸的石橋,後人稱為百橋之都,又因建築頂部變化特別豐富,因而擁有「千塔之城」、「金色城市」等美稱。

在這個全世界最大的城堡區中,你可以發現古老的宮殿、官府(包含現今的總統府)、聖維特大教堂、修道院、花園樓台以及有許多職人居住的黃金小巷。

而小城區位於城堡區下方,玩家可以沿著鵝卵石頭路緩緩爬上城堡,或是從城堡區下山時,往小城區的方向走。小城區中有很多骨董店,時間彷彿停留在19、20世紀。

城堡區・小城區地圖

Pražský hrad

Mariánské hradby

皇家花園
Královská zahrada

黃金巷
Zlatá ulička

聖維特大教座堂
Katedrála svatého Víta

新皇宮
Nový královský palác

城堡廣場
Hradčanské náměstí

聖喬治教堂
Bazilika svatého Jiří

舊皇宮
Starý královský palác

Chotkova

Letenské sady公園

華倫斯坦花園
Valdštejnská zahrada

Staré zámecké schody

Valdštejnské náměstí

Klárov

Malostranská

Malostranská

Thunovská

Nerudova

馬提亞斯門
Matyášova brána

Úvoz

Vlašská

聖尼古拉教堂
Kostel sv. Mikuláše

Malostranské náměstí

Mostecká

Tržiště

Tomášská

U Lužického semináře

Cihelná

Na Kampě

卡夫卡博物館
Královská zahrada

查理大橋
Karlův most

斯特拉霍夫修道院
Strahovský klášter

小區廣場
Malostranské náměstí

藍儂牆
Lennonova zeď

Karmelitská

Harantova

Újezd

Hellichova

肯帕島
kampa

Všehrdova

Strahovská

小巴黎鐵塔
Petřínská rozhledna

佩特辛公園
Petřínské sady

Újezd

Říční

受難者雕像
Pomník obětem komunismu

Vítězná

Plaská

Mělnická

斯特雷奇島
Střelecký ostrov

Zborov

Nový Smíchov、TESCO

Petřínská

第1天 行程規畫

| 10:00 皇家花園 | 步行 10分鐘 | 11:00 聖維特大教座堂 | 步行 2分鐘 | 12:10 登聖維特大教堂塔 | 12:30午餐 (舊皇宮附近用餐) |

| 步行 2分鐘 | 13:00 舊皇宮 | 步行 3分鐘 | 14:00 黃金巷 | 步行 5分鐘 | 15:00 走天堂的階梯下山 | 步行 15分鐘 | 15:15 華倫斯坦花園 |

| 步行 10分鐘 | 16:15 卡夫卡博物館 | 搭電車至Čechův mos 約10分鐘 | 17:00 Letenské sady公園 |

第2天

| 10:00 佩特辛公園 | 步行約30分鐘 或坐纜車上山 | 11:00 小巴黎鐵塔 | 步行 15分鐘 | 12:00午餐 (小城區餐廳用餐) | 步行 10分鐘 |

| 13:30 逛小城區商家 | 步行 20分鐘 | 14:30 藍儂牆 | 步行 10分鐘 | 15:00 查理大橋 | 電車 3分鐘 | 16:00 斯特雷奇島 |

城堡區

布拉格城堡票價

參觀城堡外部建築不用買票，若想要入內參觀則需要購票。購買套票比較划算，最有名的景點都在B套票中，因此建議大家買B套票即可。

票種	內容	費用(克朗)
A(完整城堡套票)	聖維特大教座堂(St. Vitus Cathedral) 舊皇宮(Old Royal Palace) 布拉格城堡故事館(The Story of Prague Castle) 聖喬治大殿(St. George's Basilica) 黃金巷(Golden Lane with Daliborka Tower Prague) 火藥塔(Powder Tower) 盧森堡宮 (Rosenberg Palace)	■全票：350 ■折扣票：170 ■家庭票：700
B(重點城堡參觀套票)	聖維特大教座堂(St. Vitus Cathedral) 舊皇宮(Old Royal Palace) 聖喬治大殿(St. George's Basilica) 黃金巷(Golden Lane with Daliborka Tower Prague)	■全票：250 ■折扣票：125 ■家庭票：500
C(特展票)	三聖皇冠展(The Treasure of St. Vitus Cathedral) 布拉格城堡照片展(Prague Castle Picture Gallery)	■全票：350 ■折扣票：175 ■家庭票：700
布拉格城堡故事館	展出時間：8月的第二個週末	■全票：140 ■折扣票：70 ■家庭票：280
布拉格城堡照片展	展出時間：8月的第一個週一	■全票：100 ■折扣票：50 ■家庭票：200
三聖皇冠展	展出時間：8月的第三個週末	■全票：250 ■折扣票：125 ■家庭票：500
登塔票：偉大的南方塔	開放時間：12月31日午夜	■全票：150 ■無折扣及家庭票

折扣票：6～16歲(含16歲)的青年、26歲(含26歲)以下的學生、65歲(含65歲)以上的老年票
家庭票：2位成人加上1～5位16歲以下孩童。
免費票：6歲以下(不含6歲)孩童免費

*製表／黃以儒　*資料時有異動，請以官方公布最新資料為主

▲ 天堂的階梯因日劇《交響情人夢》而聞名，是來城堡區一定要走的地方

▲ 城堡區中最顯眼的紅色房子：聖喬治大殿

▲ 城堡衛兵和玩具博物館前的雕像，已經成為城堡區的特色之一

布拉格城堡區開放時間

季節月分	時間
春夏：4月1日～10月30日	09:00～17:00
秋冬：11月1日～3月31日	09:00～16:00
城堡區外部建築開放時間(非入館可免費參觀)	06:00～22:00

*製表／黃以儒　*資料時有異動，請以官方公布最新資料為主

玩樂篇

皇家花園(Královská zahrada)

必看景點：皇后安妮夏宮

　　皇家花園是所有布拉格花園中最具歷史價值的一座花園，1534年由神聖羅馬皇帝的斐迪南一世(Ferdinand I)為了自己的愛妻安妮所建。皇家花園的東側，有一座皇后安妮夏宮(Letohrádek královny Anny)，採用美麗的文藝復興風格建造。

　　皇家花園中有一個同樣是文藝復興時期的建築，也就是球類運動大廳(Míčovna)，高聳的拱門形狀玻璃窗正是這個球類運動大廳的特色，這裡早年作為球類運動場地使用，後來改為騎術學校，最後是軍事儲備所。

✉ Mariánské hradby 52/1, 118 00 Praha 1-Hradčany ⏰ 每年4～10月10:00～18:00。冬天關閉 💲 免費參觀 ➡ 搭乘電車22號、23號至Královský letohrádek下車，下車後即到達 ⌛ 30分鐘 ℹ 入園需要過安檢，敬請配合 🅼ᴬᴾ P.127

▲皇家安妮夏宮目前作為藝術品展館

▲皇家花園是一座文藝復興風格的花園

聖維特大教座堂
(Katedrála svatého Víta)

必看景點：玫瑰窗、純銀打造的聖約翰之墓

　　聖維特大教座堂是布拉格城堡最大的亮點，也是哥德式教堂的精采範例。由查理四世(Karel IV)於1344年下令建造，卻一直到20世紀初才修建完畢，總共花費了500多年。

　　聖維特大教堂內有一座傳奇的雕塑——用30頓銀器打造而成的五星紅衣主教聖約翰(Jan Nepomucký)雕像。相傳這位天主教主教，因幫告解者(皇后)保守告解的祕密，被國王從查理大橋丟入伏爾塔瓦河之中淹死，誓死遵守了天主教的承諾，祕密再也無人知曉。

✉ Pražský hrad III. nádvoří 48/2, 119 01 Praha 1 📞 (00)420-224-372-434、(00)420-224-372-435、(00)420-224-373-368 ⏰ 請參考P.128 💲 請參考P.128 ➡ 搭乘電車22號、23號至Pražský hrad下車，下車後往對面直走2分鐘即抵達 ⌛ 1小時 🌐 www.hrad.cz/en/prague-castle-for-visitors ℹ 入館可拍照，但請勿用閃光燈 🅼ᴬᴾ P.127

▲綠色的尖塔是聖維特大教堂唯一開放攀登的高塔

舊皇宮(Starý královský palác)

必看景點：欣賞城堡區的小露台、國王寶座

布拉格現今有兩個皇宮，一個是新皇宮，目前用作捷克總統的辦公室；另一個是舊皇宮，舊皇宮既沒有凡爾賽宮的輝煌，但卻完整展現出中世紀城邦國家的歷史。在舊皇宮內最有歷史意義的是皇宮一角的窗戶，因為神聖羅馬帝國懷疑捷克波西米亞王國(České království)叛變，因而引發拋出窗外事件，就是在此發生。這次的拋出窗外事件造成了歐洲三十年戰爭，此次戰爭結束後，確立了現今歐洲國家界線的劃分。

✉ Třetí nádvoří Pražského hradu 48/2, 119 00 Praha 1-Hradčany 📞 (00)420-224-372-434 🕐 請參考P.128 💲 請參考P.128 ➡ 搭乘電車22號、23號至Pražský hrad下車，經過聖維特大教堂便來到舊皇宮 ⏱ 40分鐘 🌐 www.hrad.cz/en/prague-castle-for-visitors ℹ 入館可拍照，但請勿用閃光燈 🗺 P.127

▲紅色屋頂為新皇宮，藍色屋頂為舊皇宮

黃金巷(Zlatá ulička)

必看景點：第22號卡夫卡的家

黃金巷位於布拉格城堡內，是一條受到保護的中世紀風格的小巷。街名來自於住在這條街上的鍊金術師，整條街擁有童話般的外觀和色調。目前黃金巷內的人們，依然保留當時居民的生活習慣，包含日常生活的廚房、書房、浴室、臥室等，也有工匠的製鐵坊、紡織等都保存下來。但這裡最有名的莫過於黃金巷第22號的卡夫卡住宅了，當年卡夫卡承租了兩年公寓，在這裡安靜的創作。

✉ Zlatá ulička u Daliborky 13-9, 119 00 Praha 1 📞 (00)420-224-372-434 🕐 請參考P.128 💲 請參考P.128 ➡ 搭乘電車22號、23號至Pražský hrad下車，經舊皇宮後便是黃金巷 ⏱ 1小時 🌐 www.hrad.cz/en/prague-castle-for-visitors ℹ 入館可拍照，但請勿用閃光燈 🗺 P.127

◀黃金巷內的房子都擁有矮屋頂、短煙囪和小巧的門

行家祕技 布拉格最佳取景點

明信片最常出現的布拉格景致在哪裡取景呢？答案是在Letenské sady公園，這裡位於伏爾塔瓦河左岸最高的一帶，同時也是日劇《交響情人夢》的取景點，布拉格美景可以在此一覽無遺。

✉ Letenské sady 173, 170 00 Praha 7-Holešovice 📞 +354 555 3351 🕐 全天 💲 免費 ➡ 搭乘17號電車至 ech v most ⏱ 1小時 ℹ 晚上公園路燈少，最好攜伴去看夜景 🗺 P.127

▲由左岸俯瞰右岸的舊城風光，和幾十座連結大橋，堪稱是最有層次的布拉格風景

玩樂篇

小城區

華倫斯坦花園

(Valdštejnská zahrada)

必看景點：巴洛克雕像與裝飾

華倫斯坦花園位於城堡區的山腳下。早年的華倫斯特宮，包含華倫斯坦花園都是古代捷克公主的宮殿，現今將部分花園開放給民眾免費參觀，花園內其他建築也被利用為國家美術館分館以及捷克參議院，是一個優美寧靜，又富有巴洛克風格的古典皇家園地。

✉ Letenská 123/4, 118 00 Malá Strana ⏰ 4～5月、10月：平日07:30～18:00，週末10:00～18:00。6～9月：平日07:30～19:00，週末與假日10:00～19:00 💲 免費參觀 ➡ Malostranská地鐵站旁 ⏳ 30分鐘 🗺 P.127

▲ 華倫斯坦花園是標準的巴洛克式花園，講求對稱。城堡前的雕像以希臘神話為主題

▲ 華倫斯坦花園中的鐘乳石裝飾令人印象深刻

卡夫卡博物館(Kafka Museum)

必看景點：站著小便的男人雕像

卡夫卡博物館成立於2005年，為了紀念偉大的猶太作家法蘭茲・卡夫卡。卡夫卡雖然在布拉格長大，但他擅長用德語創作，現今很多人將卡夫卡視為德國人，但他一生重要的創作基本上都在布拉格完成，而最有名的作品《變形記》便在Pařížská街30號(現址為洲際飯店)完成。位於卡夫卡博物館外有一個雕像名為《小便》(Čurající postavy)，是捷克著名藝術家David Černý的作品。

▲ 目前在卡夫卡博物館中留有《變形記》的第一版印刷書籍

✉ Cihelná 635/2b, 118 00 Malá Strana ⏰ 10:00～18:00 💲 成人260克朗，學生、老年人、身障者180克朗，兩個大人加兩個小孩650克朗 ➡ Malostranská地鐵站上來後，往河岸走，約5分鐘即到 ⏳ 30分鐘 🗺 P.127

路上觀察 尋找卡夫卡

想尋找卡夫卡的身影，除了在黃金巷第22號，以及卡夫卡博物館外，其實布拉格還有很多關於卡夫卡的蹤跡。位於地鐵站Národní třída旁的Quadrio百貨公司後方，有一座卡夫卡的旋轉頭(Otočná hlava Franze Kafky)，是捷克著名藝術家David Černý的作品。

另外，位於猶太區西班牙會堂外的紀念卡夫卡雕像(Memorial Kafka)，則是捷克著名藝術家Jaroslav Róna的作品。

佩特辛公園(Petřínské sady)

必坐：佩特辛纜車

佩特辛公園是布拉格最大的市區公園，除了爬山享受芬多精外，玩家還可以搭乘纜車到最上面參觀玫瑰花園。公園內也有許多櫻花樹，有許多人會在5月1日捷克情人節當天，與情人在櫻花樹下擁吻見證愛情。

佩特辛公園不僅有自然風光，還有人文歷史，如「飢餓之牆」是查理四世為了不讓貧窮的人民餓死，花錢請他們來興建的防禦牆。此外，在公園內也能看見共產主義受難者紀念雕像等歷史足跡。佩特辛公園除了是布拉格最大的市區公園，同樣也是布拉格左岸的制高點，玩家可以前往佩特辛瞭望台，站在最高處鳥瞰布拉格。

✉ Petřínské sady 633, 118 00 Praha 1-Malá Strana ➡ Újezd 電車站下車後，搭乘纜車上山(持有布拉格大眾交通票也可以搭纜車) ⏲ 2小時 ℹ 佩特辛瞭望台門票一張150克朗，但不上瞭望台也可以鳥瞰布拉格 🗺 P.127

▲ 可以用布拉格大眾交通票搭乘纜車，只要在時間內，都不需再額外購票

▲ 俗稱小巴黎鐵塔的瞭望台，可以說是布拉格左岸最高的地方

藍儂牆(Lennonova zeď)

必拍：藍儂牆網美照

藍儂牆誕生於1980年代，年輕人因不滿共產政權而模仿約翰·藍儂在牆上寫下憤怒的標語，最終在查理大橋附近導致了一場學生與警察之間的大規模衝突，共有幾百人被捲入此事件，因此激勵了更多人在這道牆上留下愛與和平的信念。在過去這堵牆是愛與和平的象徵，現今這道牆上充滿七彩且具有現代藝術的塗鴉，因此成為許多人拍攝美照的聖地。

✉ Velkopřevorské náměstí ➡ 距離查理大橋很近，可以從布拉格右岸進入查理大橋後，在左岸橋塔出口出去後，往下走約4分鐘便可抵達藍儂牆 ⏲ 10分鐘 🗺 P.127

◀ 雖然約翰·藍儂從沒有來到這堵牆前，但後人依然以他的名字命名

查理大橋(Karlův most)

必摸：五星主教聖約翰的星星

查理大橋是由查理四世於1357年建造，1402年完工，是連繫兩岸的重要大橋。這座石橋是用蛋作為黏著劑，因此又稱為蛋橋。查理大橋、天文鐘、城堡，被譽為捷克最具有代表性的歷史建築，也是來布拉格一定要造訪的三個景點。

▲1683～1928年在橋墩上陸續安置了30座聖人雕像，其中最著名的是聖楊‧內波穆斯基雕像 (socha sv. Jana Nepomuckého)

在參訪查理大橋時，會看到許多遊客停在一個雕像前，並且伸手觸摸，這就是著名的聖約翰雕像。聖約翰是知名的五星主教，傳說他為了替皇后守住祕密，而被國王丟入橋下而死，之後據說聖約翰的屍首頂著五星浮上水面。從此，聖約翰成了查理大橋的象徵人物，甚至成了幸運之神。相傳只要十指按着星星，面向城堡的方向許願，願望就能成真。

🖂 Karlův most, 110 00 Praha 1 ➡ Staroměstská地鐵站走過去，約5分鐘；或是轉乘17號電車至Karlovy lázně下車 ⌛ 10分鐘 MAP P.127

行家祕技　周杰倫拍婚紗的地方(斯特雷奇島)

斯特雷奇島是伏爾塔瓦河上的大型孤島之一，位於軍團橋(Most Legií)橋下，這裡是市中心一塊靜謐之地，政府也會在這裡舉辦各類的文藝活動，更增添它的浪漫人文氣息。

🖂 Střelecký ostrov, 110 00 Praha 1 🕒 全天 $ 免費 ➡ 搭乘電車至Střelecký ostrov，往橋下走約3分鐘即可以抵達 ⌛ 30分鐘 ℹ 橋下有供孩童玩樂的自然遊樂場，如果帶小孩的玩家，可以預留更多時間在此停留 MAP P.127

▲小城橋塔頭 (Malostranské mostecké věže)

▲老城橋塔頭(Staroměstská mostecká věže)

布拉格右岸

猶太區(Josefov) · 舊城區(Staré Město) ·
新城區(Nové Město) · 高堡區(Vysehrad)

行家祕技 猶太區套票

可參觀猶太區所有對外開放
建築，除了參觀建築本身，也
有它的歷史意義，建築保留了
二戰時期納粹入侵的傷痕，和
共產時代的痕跡。可在舊新猶
太會館售票處購買。

💲 成人500克朗，6～15歲孩
童350克朗

猶太區與舊城區緊鄰，早期猶太人只能被限制住在同一個區域，而後因猶太人對皇族的貢獻，使得猶太區的隔牆被拆除成為自治區。舊城區範圍不大，且因為沒有交通工具僅能步行，也因此更能夠體驗到過去人們的生活。舊城區內有著無數的藝廊、小酒吧、咖啡館，古玩店、小劇場、黑光劇院、木偶劇院等，至今仍保留過去的特色。

新城區域由舊城區延伸出來，街道的景色以及建築物相對於舊城區較新穎，附近也有許多屬於年輕人愛逛的店家。高堡區可以說是布拉格的起點，早期布拉格的城堡就是設於高堡區的山丘上，現今這裡規畫成高堡公園，由於人沒有像城堡區這麼多，反到多了一股靜謐莊嚴的氣氛。

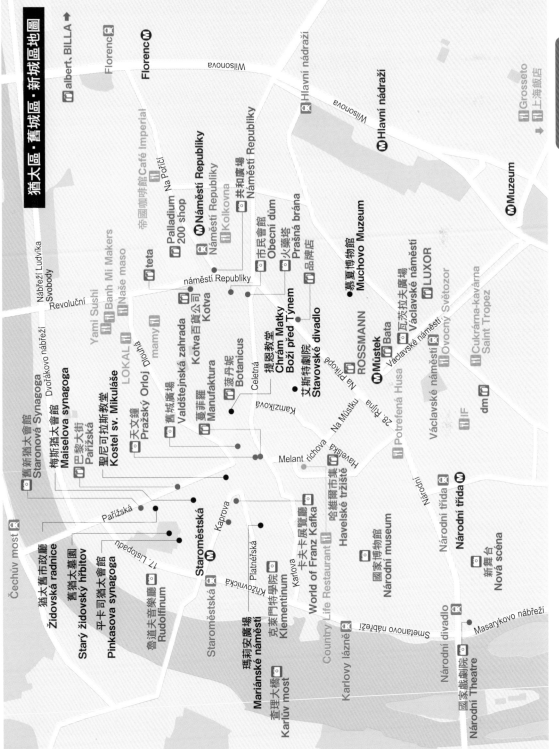

albert, BILLA →

Florenc 🚇

Florenc Ⓜ

Wilsonova

🏨 Hlavní nádraží

Grosseto
🏨 上海飯店
→

Ⓜ Hlavní nádraží

Ⓜ Muzeum

帝國咖啡館 Café Imperial 🍴

Na Poříčí

Ⓜ Náměstí Republiky
共和廣場
Náměstí Republiky

Kolkovna 🍴

Palladium
200 shop 🏬

🛒 teta

náměstí Republiky

市民會館
Obecní dům 🏛

火藥塔
Prašná brána 🏛

品牌店 🛒

慕夏博物館
Muchovo Muzeum ●

Banh Mi Makers 🍴

Naše maso 🍴

Yami Sushi

🏛 舊新猶太會館
Staronová Synagoga

梅斯猶太會館
Maiselova synagoga 🏛

🏛 巴黎大街
Pařížská

聖尼可拉斯教堂
Kostel sv. Mikuláše

🍴 mamy

LOKAL 🍴

Dlouhá

天文鐘
Pražský Orloj

舊城廣場
Valdštejnská zahrada

蔓菲羅
Manufaktura 🏛

Celetná

波丹妮
Botanicus 🏛

提恩教堂
Chrám Matky
Boží před Týnem

艾斯特劇院
Stavovské divadlo ●

Kotva百貨公司
Kotva 🏬

Nábřeží Ludvíka
Svobody

Revoluční

Na příkopě

ROSSMANN

Ⓜ Můstek
Bata 🍴

瓦茨拉夫廣場
Václavské náměstí

Cukrárna-kavárna
Saint Tropez 🍴

LUXOR 🏛

Ovocný Světozor 🍴

Václavské náměstí

Potrefená Husa 🍴

IF 🍴

Na Můstku

dm

Kamzíková

28. října

Havelská

Melantrichova

Čechův most 🏛

猶太舊市政廳
Židovská radnice

Pařížská

Staroměstská 🏛

Kaprova

舊猶太墓園
Starý židovský hřbitov

平卡司猶太會館
Pinkasova synagoga

魯道夫音樂廳
Rudolfinum 🏛

17. listopadu

Křižovnická

卡夫卡展覽廳
World of Franz Kafka 🏛

Karlova

Platnéřská

哈維爾市集
Havelské tržiště 🍴

國家博物館
Národní museum 🏛

Staroměstská 🏛

瑪莉安廣場
Mariánské náměstí

克萊門特學院
Klementinum 🏛

查理大橋
Karlův most

Karlovy lázně

Country Life Restaurant 🍴

Smetanovo nábřeží

Národní třída

Ⓜ Národní třída

新舞台
Nová scéna 🏛

國家戲劇院
Národní Theatre

Národní divadlo 🏛

Masarykovo nábřeží

Dvořákovo nábřeží

行程規畫

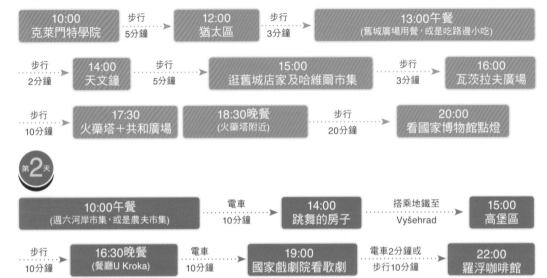

第1天

| 10:00 克萊門特學院 | →步行5分鐘→ | 12:00 猶太區 | →步行3分鐘→ | 13:00午餐 (舊城廣場用餐,或是吃路邊小吃) |

| →步行2分鐘→ | 14:00 天文鐘 | →步行5分鐘→ | 15:00 逛舊城店家及哈維爾市集 | →步行3分鐘→ | 16:00 瓦茨拉夫廣場 |

| →步行10分鐘→ | 17:30 火藥塔+共和廣場 | 18:30晚餐 (火藥塔附近) | →步行20分鐘→ | 20:00 看國家博物館點燈 |

第2天

| 10:00午餐 (週六河岸市集,或是農夫市集) | →電車10分鐘→ | 14:00 跳舞的房子 | →搭乘地鐵至Vyšehrad→ | 15:00 高堡區 |

| →步行10分鐘→ | 16:30晚餐 (餐廳U Kroka) | →電車10分鐘→ | 19:00 國家戲劇院看歌劇 | →電車2分鐘或步行10分鐘→ | 22:00 羅浮咖啡館 |

猶太區

舊新猶太會館(Staronová Synagoga)

歐洲最古老的猶太會堂

　ynagoga是指猶太人的會堂,類似基督教的教堂。在猶太區有許多會館,包含舊新猶太會館、西班牙會堂(Španělská Synagoga)、梅瑟會堂(Maiselova synagoga)以及平卡斯會堂(Pinkasova synagoga)。如果要挑一座猶太會館參觀,推薦玩家們就來舊新猶太會館吧!這裡建於1260年,是布拉格最古老的猶太會館,也是歐洲仍在使用的會館中最古老的。建築採用最古老的雙大廳風格,傳說這個會堂的閣樓裡放著猶太神話中的泥人Golem,泥人在猶太人裡有多重意義,在布拉格被視為守護者,據說當年納粹沒有破壞此會堂,

就是因為泥人的保護。舊新猶太會館的閣樓是不能參觀的,也添加了神祕的色彩。**請注意** 參觀猶太區主要是以猶太教堂以及墓園為主,盡量不要嬉戲。

✉ Maiselova 18 ⏰ 4月~10月:週日~四09:00~18:00,11月~3月:週日~四09:00~17:00,全年週五(安息日提前一小時關閉)、週六和猶太節日關閉 💲 成人200克朗,6~15歲孩童140克朗 ➡ Staroměstská地鐵站,步行約5分鐘 ⏱ 30分鐘 ℹ 猶太區的門票普遍偏貴,如果還想要參觀其他的猶太區景點,建議購買猶太區套票 MAP P.135

▶ 舊新猶太會館是現存最古老中世紀雙大廳猶太會

魯道夫音樂廳(Rudolfinum)

僅可欣賞外部，內部不開放參觀

　　魯道夫音樂廳是世界知名的音樂廳之一，位於伏爾塔瓦河旁，建於1876～1884年，新文藝復興風格建築對稱、古典、華麗又磅礴，每年吸引無數人前往參與「布拉格之春」的音樂盛典。也是捷克愛樂樂團的所在地。

✉ Alšovo nábř. 12 💲 需持音樂會門票入場 ➡ Staroměstská 地鐵站，步行約2分鐘達 ⏱ 約2小時(視音樂會時間長短) 🅜 P.135

▲魯道夫音樂廳旁也頗具藝術氣息，有捷克著名的設計學校以及查理大學的藝術學院

舊城區

舊城廣場(Valdštejnská zahrada)

必看：舊城廣場上許多街頭藝人表演

　　舊城廣場為布拉格最具代表性的廣場，而舊城區便是以舊城廣場為中心擴散開來。舊城廣場的中心點是歐洲宗教英雄胡斯雕像，依序可以看到以管風琴聞名的聖尼古拉斯教堂、精品街巴黎大街、國家美術館金斯基宮(繼羅浮宮之後，最古老的歐洲美術館)、提恩教堂、市政廳和天文鐘。

▲胡斯雕像建於1915年，為了紀念殉道500週年的楊胡斯

　　舊城區僅能步行，因此走在舊城廣場上吃吃東西，看街頭藝人的表演，因周圍的建築至少都有一兩百年的歷史，步行更能仔細欣賞路上的古蹟。舊城區內有著無數的藝廊、小酒吧、咖啡館、古玩店、小劇場、黑光劇院、木偶劇院等，至今仍保留過去的特色。

✉ Staroměstské nám. 🕐 全年 💲 無 ➡ Staroměstská地鐵站，步行約5分鐘 ⏱ 30分鐘 ℹ 廣場上的小吃較貴，建議買一點嘗鮮即可 🅜 P.135

▲廣場上的提恩教堂，至今依然作為彌撒使用

天文鐘(Pražský Orloj)

必看：每日整點報時

天文鐘是捷克最重要的象徵之一，建於14世紀，至今已經跨越了600多年，是目前世界上老作為計時功能使用的最古老的天文鐘。起初建造的目的是希望在市政廳的塔樓上設置一個權力的象徵物，卻沒想到創造出一座百年歷史大鐘。

布拉格天文鐘主要包括三個部分：鐘面代表太陽和月亮在天空中的方位。上半部有整點報時，由耶穌的12名門徒分別自左而右走過，門徒走完後在一聲雞鳴聲中關起窗門，骷髏左手平舉的沙漏垂下，完成報時。下半部則是代表月分的日曆盤。

✉ Staroměstské nám. 1 🕐 塔樓週一11:00～22:00、週二～日09:00～22:00 💲 成人250克朗，學生、老年人、身障者150克朗，家庭票（2大4小）500克朗 ➡ Staroměstská地鐵站，步行約5分鐘 ⏱ 30分鐘 ℹ 若只要看天文鐘報時為免費 🗺 P.135

▲ 天文鐘因太過雄偉，使得當時的國王害怕鐘錶師傅再建造另一個天文鐘，於是將他弄瞎

克萊門特學院(Klementinum)

必看：世界最美圖書館

克萊門特學院最初作為耶穌會會館使用，現今一部分作為市民圖書館，一部分開放給民眾參觀，其中最受矚目的是被譽為全世界十大漂亮的巴洛克式風格圖書館。圖書館內有著唯美的壁畫以及珍貴歷史價值的地球儀。另一個亮點是360度環繞的天文塔，燈塔可以將舊城的紅屋瓦盡收眼裡，從遠處望去還可以看到天文鐘，反方向則可以看到布拉格城堡。

▲ 圖書館內不能拍照

✉ Klementinum 190 🕐 1～2月：10:00～16:30，6～10月：10:00～18:00，11～12月：10:00～17:30 💲 成人300朗，學生、老年人200克朗 ➡ 地鐵Staroměstská站，步行約5分鐘 ⏱ 1小時 ℹ 圖書館內禁止拍照 🗺 P.135

哈維爾市集(Havelské tržiště)

必吃：Angelato冰淇淋

哈維爾市集是在舊城區內唯一終年營業的市集，賣的東西主要是以紀念品和水果為主，當然價錢不會很漂亮，主要是滿足沒有時間逛其他市集的玩家們，至少有一處可以感受捷克市集的氣氛。若以在地人的眼光，會推薦玩家前去河岸市集以及農夫市集較能感受當地風情。。

✉ Havelská 13 🕐 08:00～18:00 ➡ Mustek地鐵站，約5分鐘 ⏱ 30分鐘 ℹ 只能現金交易 🗺 P.135

▲ 市集有不少賣水果的攤販，但還是在超市買比較便宜

玩樂篇

新城區

市民會館(Obecní dům)

必看:慕夏壁畫

市民會館建於
20世紀初,採用
新式建築風格,
夢幻的壁畫裝飾
則是出至於慕夏
(A. Mucha)等大
師之手。

▲ 館內除了用餐、聽歌劇,或是參加
婚禮之外,並不能入內參觀

因為市民會館的藝文表演屬於私人表演,所以
票價高昂玩家可以好好評估。建議若要聽音樂會
可以前往魯道夫音樂廳或是聖尼古拉斯教堂,若
要看歌劇可以前往國家戲劇院。

倒是市民會館的餐廳可以試試看,雖然價格稍
高,但是CP值會比看表演高,館內有法國餐廳
(Francouzská restaurace)、皮爾森餐廳(Plzeňská
restaurace)以及歐洲第二老的酒吧美國酒吧(Amer
ický bar)。

▲ 新城區、高堡區地圖

✉ Náměstí Republiky 1090/5 ➡ 地鐵Náměstí Republiky站,
步行約2分鐘 ⏱ 1小時 ℹ 市民會館內的餐廳雖然價位高,但是
並不表示服務與價格成正比,玩家可以先對餐廳進行研究再
做選擇 🗺 P.135

國家博物館(Národní muzeum)

必看:挑高大廳

國家博物館於2011年7月7日閉館修復,一直至
2018年10月28日啟用,經歷了7年的時間。國家
博物館是目前捷克最大、最老的博物館,建於
1818年法國大革命後,這座博物館的誕生象徵著
捷克的民族自覺。國家博物館內主要展出捷克的
歷史文物,還有不定時的藝術展覽。國家博物館
中最具特色的就是他挑高的對稱大廳,是仿造萬
神殿所建成。博物館的夜景也十分美麗,推薦玩
家入夜後前來觀賞。

▲ 國家博物館終於以雪白、氣派的面容重新展示在世人面前

✉ Václavské nám. 68 🕐 週一休館,週二、週四~日10:00
~18:00,週三10:00~20:00 💲 成人250克朗,學生、老年人
170克朗 ➡ Muzeum地鐵站旁 🌐 www.nm.cz/en ⏱ 1小時 🗺
P.135

火藥塔(Prašná brána)

必逛：旁邊兩側皆是著名商圈

　　火藥塔是早期布拉格的遺跡，在過去約15世紀前，布拉格僅指舊城區，所以在城區外做了防禦型的城牆與城門，火藥塔便是當時留下來的歷史印記。爬上火藥塔需要有很好的體力，總共要爬186階梯，沿途可以看到講述聖經故事的彩繪玻璃圖案。爬到屋頂上時，紅屋瓦的舊城區、天文鐘和城堡區的美景便能收入眼簾。

✉ nám. Republiky 5 🕐 10:00～22:00 💲 成人100克朗，學生、老年人70克朗 ➡ 地鐵Náměstí Republiky站，步行約3分鐘 🎫 30分鐘 ℹ 攀登至塔頂，共有186階，請依自行體力決定是否需買票登塔 🗺 P.135

▲現今共和廣場的火藥塔成為布拉格城池的最後一座防禦塔樓

國家戲劇院與新舞台
(Národní divadlo、Nová scéna)

到此聽一場歌劇吧

　　一座金碧輝煌的寶蓋房頂於1881年正式開幕，這間國家戲劇院由全民捐款建成，由此可見捷克人對於戲劇的熱愛。這座劇院被用來作為話劇、歌劇、芭蕾的演出場所，看戲至今依然是捷克人深愛的休閒娛樂。捷克政府為了提供更多表演空間以及新型態的舞台設計，於1983年於國家戲劇院旁所新建一座新舞台，外觀由4,000多個玻璃所組成外觀，也是布拉格一區內少數可以見到的現代建築。

✉ Národní 2 💲 以購買戲劇票為準 ➡ 搭乘電車至Národní divadlo 🌐 www.narodni-divadlo.cz/en 🎫 2小時 🗺 P.135

▲在共產期間，布拉格人民熱愛戲劇

行家祕技　布拉格藝術之旅

　　在捷克看歌劇或是音樂會算是歐洲CP值最高的地方，票價通常在500克朗左右，建議從國家戲劇院官網購票。提醒玩家，觀看戲劇前可將大衣吊掛於衣帽間，此項為免費服務，但在觀劇的中場休息時間，外面迷你吧檯上的小點心以及飲料，可要付費。

🌐 www.narodni-divadlo.cz/en

■國家表演藝術廳城邦劇院(Stavovské divadlo)
✉ Železná, 110 00 Staré Město ➡ 地鐵Mustek站，步行約5分鐘 ℹ 因由莫扎特所指導的歌劇《唐‧喬望尼》(Don Giovanni)在此首演而聞名

■市民歌劇院 (Státní opera)
✉ Wilsonova 4 ➡ 地鐵Muzeum站，步行約3分鐘

■卡琳音樂劇院(Hudební divadlo Karlín)
✉ Křižíkova 283/10 ➡ 地鐵Florenc站，步行約3分鐘

玩樂篇

跳舞的房子(Tančícím dome)

必看：從頂樓欣賞風景

　　跳舞的房子於二戰期間遭流彈波及因而毀損，是布拉格少數遭遇戰爭襲擊的房子，一直到1996年建築師以翩翩起舞為靈感，將這塊破損記憶修復後，重新展現於世人面前。

　　跳舞的房子目前僅有部分作為展廳供人們參觀，另外一部分則是金基和弗萊德餐廳(Ginger & Fred)，主要提供法式料理為主。該建築頂層有一個玻璃吧(Glass Bar)，雖然價格不便宜(約250克朗)，但可以觀看到布拉格伏爾塔瓦河以及城堡的美景。

✉ Jiráskovo nám. 1981/6 ➡ 搭乘電車Jiráskovo náměstí站出口，步行約1分鐘 ⊕ tadu.cz ⧖ 1小時 🗺 P.139

▲跳舞的房子現在主要作為電視台使用

瓦茨拉夫廣場(Václavské náměstí)

必吃：在瓦茨拉夫大街上喝一杯咖啡

　　國家博物館正對著的就是瓦茨拉夫廣場，這裡早年是布拉格電車的行駛路段，後來改建成大廣場，現在依然可以看到當年的鐵軌遺跡以及電車。

　　在瓦茨拉夫廣場附近有著著名的聖瓦茨拉夫雕像(聖瓦茨拉夫小故事，請參考P.18)，另外還有有著名的慕夏博物館(Muchovo museum)，雖然裡面不大，如果喜歡慕夏風格的玩家，也可以考慮進去逛逛。慕夏博物館詳請可至官網www.mucha.cz/en查看。

✉ Václavské náměstí ➡ 坐綠線地鐵至Mustek下車 ⧖ 1小時 🗺 P.135

▲廣場上的露天咖啡及商家，提供玩家逛街採買及停下腳步享受悠閒時光

▲除了查理大橋外，國家博物館的夜景也是一大亮點

高堡區

高堡公園(Vyšehrad)

必拍:最美的黃昏風景

高堡公園位於伏爾塔瓦河邊陡峭的山崖上,這裡依然保留著11世紀留下的珍貴羅馬式聖馬丁圓形小教堂 (Rotunda sv. Martina)、聖彼得與聖保羅大教堂(Bazilika svatého Petra a Pavla)與高堡公墓(Hřbitov Vyšehrad),這些都是高堡公園中可以參觀的地方。

✉ Štulcova, 128 00 Praha 2-Vyšehrad ➡ 坐地鐵至Vyšehrad 下車 ⏰ 1.5小時 🗺 P.139

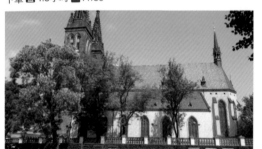

▲慕夏為聖彼得與保羅大教堂圓頂設計新的壁畫

行家祕技 布拉格最美的黃昏風景

建議玩家上午可以至Letenské sady公園拍最美的明信片景點(P.130),黃昏時刻在高堡拍布拉格的黃昏風景,兩處的風景不太一樣,在高堡區印入眼簾的是右岸至左岸的城堡風光。玩家可以至高堡公園內的Rio's餐廳後面,從廁所旁邊的小門進去,就可以拍到正對面的布拉格城堡。

✉ Štulcova 102/2, 128 00 Praha 2-Vyšehrad ➡ Vyšehrad地鐵站,往公園方向走約20分鐘,到了聖彼得與聖保羅大教堂,再走1分鐘 ℹ 晚上公園路燈少,最好攜伴去看夜景 🗺 P.139

布拉格近郊

布拉格動物園
(Zoologická zahrada Praha)

必玩:世界前五名的動物園

布拉格動物園被譽為全世界最受歡迎的動物園之一,不僅是小孩喜歡,就連大人都會愛上這個充滿接近野生環境的自然動物園。

▲布拉格的動物園號稱是沒有圍牆的動物園,就連明星史密斯夫婦都是他們的賓客

✉ U Trojského zámku 3/120 🕐 3月:09:00～17:00,4月～5月、9月～10月:09:00～18:00、6月～8月:09:00～21:00,11月～1月:09:00～16:00 💲 成人200克朗,兒童(3～15歲)、學生、老年人150克朗、家庭票600克朗,寵物100克朗 ➡ 巴士Zoologická zahrada站,下車即達 ⏰ 1天 http www.zoopraha.cz/zh/oz 🗺 P.139

行家祕技 布拉格動物園必訪園區

■南美博羅羅部落保護區(Bororo Reserve),這裡是孩子們的遊樂園。

■兒童動物園(Children's Zoo),孩子可以與動物近距離接觸。

■園區空中纜車可以俯瞰整個園區和動物園(纜車類似滑雪時所搭乘的滑雪纜車,有孩童者請注意安全)。

■推薦餐廳:

Gulab ✉Pod Hrachovkou 703/6
Hostinec Gočárův dům ✉U Trojského zámku 120/3

捷克小鎮Česku Město

若你只有兩個星期的假期，你會選擇走入一座古老的城市還是探索自然風光，或是進入一座童話小鎮呢？如果來到捷克，你可以輕鬆遊覽這些地方。僅台灣兩倍大的捷克，占了14個世界文化遺產。

除了整座城市被列為世界文化遺產的布拉格，還有充滿中世紀驚悚味道的人骨教堂，有著童話小鎮之稱的克倫洛夫，有如進入格林兄弟的糖果屋的夢幻小鎮特奇，有著皇家溫泉美名的卡羅維瓦利，充滿奇石之美的波希米亞瑞士國家公園。因捷克地形為四方形，因此由布拉格出發，都可以輕易抵達這些小鎮，不僅可以有效利用假期，更可以放慢腳步穿梭在故事中的城鎮裡。

路線 **1** 探訪美麗城堡

小鎮❶ 克倫洛夫小鎮 Český Krumlov

　　克倫洛夫又稱為**CK小鎮**，這裡是每一個來拜訪捷克的玩家絕不能錯過的地方。彩色的房屋、紅磚的斜頂屋瓦、**S**型的小橋流水，加上小鎮以玫瑰聞名，所以走在小鎮上，抬頭往上看，可以看到童話中的房子，低頭往下看，可以看到文藝復興時期遺留下來的玫瑰圖騰，如此美景難怪被大家譽為童話小鎮，也於1992年列為世界文化遺產。

　　克倫洛夫是一個可以拋下地圖的小鎮，基本上慢遊、逛城堡再加上中午用餐，所需時間約為6個小時，當天往返布拉格或是在此住一個晚上都是不錯的選擇。克倫洛夫的街道相當有趣，雖然土地面積很小，但是涵蓋了居民生活的一切，有廣場、教堂、郵局、蠟像館、木製娃娃商店、水晶店、手工香皂店、煙囪捲小賣鋪等，很適合玩家悠閒散步。夏季的克倫洛夫相當熱鬧，除了有五指玫瑰節可以參加外，還可以參加泛舟、騎馬、射箭等傳統活動。

交通方式 從布拉格搭乘Student Agency直達克倫洛夫(Český Krumlov,AN)，約3小時。下車後會看到彩繪塔，往彩繪塔的方向前進，就可以抵達童話小鎮。

行程規畫

9:00 抵達火車或是巴士傑斯凱布提約維次小鎮	→公車 30分鐘	10:00 赫盧博卡城堡	→步行 上城堡15分鐘	10:30 參觀城堡
12:30午餐 (城堡內用餐)	→步行 下山15分鐘 →公車 30分鐘	13:45 傑斯凱布提約維次小鎮	→公車 30分鐘	14:30 克倫洛夫
→步行 20分鐘	16:00 克倫洛夫城堡	→步行 30分鐘	18:00 搭乘公車回布拉格	

行家祕技 克倫洛夫的戶外活動

泛舟

大多數人來克倫洛夫都會從高處鳥瞰克倫洛夫的美景，其實也可以從不同的角度走訪克倫洛夫，泛舟就是一個不錯的選擇。

行程時間：有短途(約1小時)或是長途(約1天)

$300克朗～1000克朗

http www.rafting-krumlov.cz

i 需提前預約

騎馬

另一個著名的活動就是騎馬，可以體驗捷克的鄉村原野風情。

行程時間：1小時

$500克朗

http www.jk-slupenec.cz/?artid=1&lang=en

i 馬場離市中心較遠，克倫洛夫公共交通不便，建議搭計程車，車資約150克朗

火車站(往此方向走約2公里)
Vlakové nádraží Český Krumlov

Špičák

Chvalšinská

V Jámě

克倫夫城堡
Zámek Český Krumlov

Latrán

彩繪塔Zámecká věž
第一、二中庭I. II. nádvoří

Pivovarská

鹿花園
Jelení zahrada

Krčma Markéta

空中走廊
Plášťový most

Na Dlouhé zdi

第三、四中庭
III. IV nádvoří

Plášťový most

Na Ostrově

Kláštemí

Latrán

Nové město

Náplavka

Objížďková

巴士站
Autobusové nádraží Český Krumlov

城堡花園
Zámecká zahrada

Rybářská

K Zámecké zahradě

Široká

Dlouhá

Soukenická

Panská

Radniční

Masná

捷克隕石博物館
Muzeum vltavínů

Parkán

Nměstí Svornosti
廣場

Kájovská

Hradební

Horní

Krčma v Šatlavské餐廳

Roosevellova

Kaplická

Nová

席勒美術館
Egon Schiele Art Centrum

聖維特教堂
kostel svatého Víta

Krčma v Šatlavské

Linecká

Důlní

Nad Schody

Horská

克倫洛夫地圖

克倫洛夫城堡
Státní hrad a zámek Český Krumlov

這座城堡是克倫洛夫的地標,建於13世紀,後來由盧森堡家族、哈布斯堡家族統治後,陸續擴建,

▲上城堡入口

建築風格也包含哥德、文藝復興、巴洛克等樣式。克倫洛夫城堡只有一個進出口,由彩繪塔往上,陸續經過下城堡、上城堡、空中走廊及城堡花園。城堡區最棒的是可以俯瞰整個童話小鎮,彩繪塔上更有360度的觀景台。城堡內部的展廳展示關於歷代城主的生活面貌,以及歷任城主的歷史。若不想要參觀城堡內部不需要購票,可以爬上城堡拍照。

☒ Zámek 59, 381 01 Český Krumlov ⏰ 4~5月、9~10月09:00~16:00,6~8月09:00~17:00,週一休館,11~3月關閉 💲外觀建築免費參觀,入館需買票,門票包含英語導覽費用,成人300克朗,孩童、學生210克朗。若不想要參加導覽,可購買下方的城堡博物館+彩繪塔的套票 🔗 開放時間查詢網站 www.zamek-ceskykrumlov.cz/en/plan-your-visit/opening-hours 🔗 www.castle.ckrumlov.cz ⏳ 1小時 🎫 城堡皆有導覽,可選:捷克語、英語、德語 🗺 P.145

彩繪塔
Zámecká věž

彩繪塔位於城堡區，最早建於13世紀，而後完成於16世紀，屬於哥德式混合文藝復興風格。此塔樓也是克倫洛夫小鎮中最高的建築，高為545公尺。塔樓因外觀由顏料畫成，故名為彩繪塔。彩繪塔中有4個垂

▲從巴士站下車後，先尋找作為入城指標的彩繪塔

鈴，用來平衡該建築，最重的垂鈴為1,800公斤。

✉ Zámek 59, 381 01 Český Krumlov ⏰ 10～3月09:00～15:00(12/22～01/01閉館)，4～5月、6～9月09:00～16:00 💲彩繪塔成人50克朗，彩繪塔＋博物館成人150克朗 http 開放時間查詢網站www.zamek-ceskykrumlov.cz/en/plan-your-visit/opening-hours http www.castle.ckrumlov.cz ⏱ 30分鐘 ℹ 攀登彩繪塔時請注意陡峭的樓梯 MAP P.145

城堡花園
Zámecká zahrada

城堡花園建於17世紀，是典型的對稱式巴洛克花園。城堡花園正中央有座噴水池，現設有音樂廳以及旋轉的露天舞台，夏天的時候會舉辦音樂盛宴。

✉ Zámek 59, 381 01 Český Krumlov ⏰ 4月 08:00～17:00、5月～9月 08:00～19:00，10月 07:00～16:00，11月～3月關閉 💲免費參觀 http 開放時間查詢網站www.zamek-ceskykrumlov.cz/en/plan-your-visit/opening-hours http www.castle.ckrumlov.cz ⏱ 30分鐘 MAP P.145

◀城堡花園

空中走廊
Plášťový most

空中走廊是連接克倫洛夫城堡與城堡花園的通道。空中走廊位於半山腰，站在空中走廊上，還可以清楚看見克倫洛夫的美景，若不想爬上彩繪塔，站在空中走廊上，也可以空拍美麗的克倫洛夫。

✉ Zámek 59, 381 01 Český Krumlov ⏰ 4～5月、9～10月 09:00～16:00，6～8月09:00～17:00，週一休館，11～3月關閉 💲免費參觀 http 開放時間查詢網站www.zamek-ceskykrumlov.cz/en/plan-your-visit/opening-hours http www.castle.ckrumlov.cz ⏱ 10分鐘 MAP P.145

▲空中走廊

▲夏季熱門的泛舟活動，3小時一個成人約300克朗左右，依照不同項目的泛舟各有不同

▶鎮內充滿童話故事般的各種招牌

▲克倫洛夫小鎮的地窖餐廳便宜又好吃，Restaurant Bolero、Papa、KRČMA V ŠATLAVSKÉ等都是不錯的選擇

小鎮❷ 傑斯凱布提約維次小鎮
České Budějovice

傑斯凱布提約維次是南波希米亞州最大城市，又稱為CB小鎮，也是百威啤酒的發源地。該小鎮保留完整的哥德式、文藝復興式及巴洛克式建築，在普熱米斯爾‧奧托卡二世廣場(Náměstí Přemysla Otakara II.)上便可以一覽無遺。

交通方式 由布拉格到傑斯凱布提約維次可搭乘火車或是巴士，約兩個小時抵達。

▌赫盧博卡城堡
▌Hluboká nad Vltavou

赫盧博卡城堡位於傑斯凱布提約維次小鎮的西北方，開車約15分鐘。通往克倫洛夫小鎮的巴士會在傑斯凱布提約維次停靠，許多玩家會藉此到赫盧博卡城堡走一走。

赫盧博卡城堡和其他捷克城堡不同，外觀為象牙白，不是沉重的鐵黑色，因次也被譽為捷克最美的城堡，又因許多新人會到此拍婚紗，而稱為婚紗城堡。此城堡為波西米亞貴族施瓦岑貝格(Schwarzenberg)所持有，由於此家族顯赫，不論是雕刻或是地毯刺繡，都有如法國皇室貴族的水準。

赫盧博卡城堡內有兩種參觀路線：路線A 稱為「代表房間」，也是較推薦的選擇，主要是參觀該城堡的重要房間，如早間、閱讀間、大小餐廳、臥房等。 路線B 稱為「私人公寓」，主要是參觀城堡最後一任主人阿道夫公爵(Adolf)與他妻子伊達公主(Hilda)的私人住所。赫盧博卡城堡有提供團體中文導覽，會在特定的時間帶領大家參觀此城堡。

✉ 373 41 Hluboká nad Vltavou ⏰ 10:00～16:00 💲 代表房間(Representation rooms) 320克朗(英語、中文導覽)、180克朗(捷克語導覽)。私人公寓(Private apartments)260克朗(英語、中文導覽)、150克朗(捷克語導覽) 🚌 抵達傑斯凱布提約維次小鎮後，換4號公車前往赫盧博卡城堡，下車站牌為 Hluboká n. Vlt,pod kostelem，下車後約走15分鐘抵達。車資21克朗，時間為30分鐘。回到CB小鎮後，可以直接買票前往克倫洛夫小鎮，搭乘時間約40分鐘 🌐 www.zamek-hluboka.eu/en ⏱ 2小時 ℹ️ 館內不能拍照 MAP P.145

▲ 各種視角下的赫盧博卡城堡

▲ 傑斯凱布提約維次廣場上的黑塔

2 來一場溫泉療養體驗

小鎮❶ **卡羅維瓦利小鎮Karlovy Vary**

卡羅維瓦利小鎮又稱為KV小鎮，這裡原先是歐洲皇室療養的聖地，現今是捷克最著名的溫泉小鎮。捷克的溫泉主要以治療為主，所以在溫泉會館會館中僅會看到單人泡澡浴缸，如果玩家不習慣這種泡溫泉的方式，也可以喝溫泉水親身感受捷克的溫泉，如果想要在溫泉小鎮泡湯，最好先預約。由於卡羅維瓦利的住宿不便宜，多數人會選擇當天往返布拉格，而來往布拉格的火車、巴士也相當頻繁，一般來說，遊客會停留在這裡5個小時左右。

溫泉水療效與水溫介紹：http www.karlovyvary.cz/en/colonnades-and-springs

交通方式 從布拉格前往卡羅維瓦利可以搭乘巴士或火車，火車較為舒服，巴士時間則是快半小時左右，從布拉格搭乘Student Agency，於Tržnice下車，搭乘時間約2.5個小時。
時刻表請參考IDOS http idos.idnes.cz/vlakyautobusymhdvse/spojeni

行程規畫

10:00 搭乘火車抵達卡羅維瓦利	步行 約15分鐘 →	**10:30** 公園長廊(Sadová kolonáda)、磨坊溫泉長廊	步行 約10分鐘 →
12:30午餐 (大溫泉長廊附近用餐)	步行 5分鐘 →	**14:00** 市集長廊(Tržní kolonáda)、大溫泉長廊(Vřídelní kolonáda)	步行 約10分鐘 →
16:00 伊麗莎白溫泉會館泡湯	步行 約15分鐘 →	**17:30** 搭乘火車回布拉格	

■ 伊麗莎白溫泉會館
■ Alžbětiny lázně - Lázně V

　　伊麗莎白溫泉會館建1906年，為了紀念奧匈帝國最美的皇后伊麗莎白，以她的名字命名，茜茜公主(奧匈帝國最後一位皇后，被稱為最美麗的皇后)的先生約瑟夫皇帝也是此溫泉會館的客人之一。

▲伊麗莎白溫泉會館是卡羅維瓦利中最大也最美的溫泉會館，提供單人泡澡浴缸

✉ Smetanovy sady 1, Karlovy Vary ◯ 平日08:00～19:00，週六09:00～19:00，週日10:00～18:00 $ 泡湯20分鐘450克朗 http www.spa5.cz/en ◯ 1小時
MAP P.149

玩樂篇

卡羅維瓦利地圖

公園長廊 Sadová kolonáda

Poděbradská

Zahradní

Polsk Hřbitovní

Karla IV. Mlýnské nábřeží

Krále Jiřího

Sadová

磨坊溫泉長廊 **Mlýnská kolonáda**

Na Vyhlídce

Ondřejská

Křižíkova

Petra Velikého

Sovova stezka

Jubilejní stezka

Zámecký vrch

Lázeňská

Vřídelní

Karlovy Vary 纜車

Pod Jelením skokem

Tržiště

市集長廊 **Tržní kolonáda**

Stará Louka

Nová louka

大溫泉長廊 **Vřídelní kolonáda**

Mariánská

Divadelní

Libušina

Raisova

Tyršova

Petři

伊麗莎白溫泉會館 **Alžbětiny lázně - Lázně V**

磨坊溫泉長廊
Mlýnská kolonáda

　　磨坊溫泉長廊是卡羅維瓦利中最著名的長廊，全長132公尺，由124根科林斯圓柱共同組成，是捷克著名設計師Josef Zitek所設計，卡羅維瓦利有13個主要溫泉，其中5個都在磨坊溫泉長廊。

　　每個溫泉出口旁邊都有標示溫泉的溫度及編號，磨坊溫泉迴廊的溫泉最高溫是63度，最低溫是53度。卡羅維瓦利有超過10處的溫泉飲水點，每個地點都有標示水溫、含礦物、療效等，大家幾乎人手一杯接溫泉水喝，但溫泉水的礦物質高，喝起來有濃濃的鐵鏽味，記得喝的時候請慢飲。

✉ Mlýnské nábř., 360 01 Karlovy Vary 🌐 www.karlovyvary.cz/en/mill-colonnade ⏰ 30分鐘 🗺 P.149

▲Hadí pramen因飲水壺上蛇的圖案又名蛇泉，是含二氧化碳濃度較高的溫泉，喝起來的味道有點像氣泡水

▲各式各樣的溫泉長廊，展現出過去這裡是貴族療癒地的驕傲

◀街道上到處都是賣溫泉杯的小店，溫泉杯約150克朗

▲卡羅維瓦利是一座被群山包圍的小鎮，因此春秋時節更可以看到自然色彩的變化

小鎮❷ 波傑布拉迪小鎮Poděbrady

波傑布拉迪距離布拉格僅**40公里**,從中央火車搭乘火車約**50分鐘**,是一個觀光客比較少的溫泉小鎮,如果沒有時間到卡羅維瓦利,或是想要享受舒心寧靜的時光,波傑布拉迪絕對是一個很好的選擇。在波傑布拉迪,玩家可以參觀城堡和歐洲之心一起拍照,歐洲之心是捷克藝術家為了表現捷克愛好和平,以及與歐盟同心的作品。另外還可以走水路,坐船遊附近幾個小鎮。

交通方式 從布拉格搭乘火車前往波傑布拉迪,搭乘時間約55分鐘。波傑布拉迪和庫塔赫拉距離約20分鐘,如果是自駕遊的玩家,可以來一日波傑布拉迪和庫塔赫拉兩小鎮之旅。
http 時刻表請參考IDOS:idos.idnes.cz/vlakyautobusymhdvse/spojeni

行程規畫

11:00 搭乘火車抵達波傑布拉迪	步行 5分鐘	11:10 波傑布拉迪花園	步行 10分鐘	11:40 午餐 (黑死病立柱廣場附近用餐)

步行 約10分鐘	13:00 波傑布拉迪城堡	步行 15分鐘	14:00 搭船遊易北河	步行 20分鐘	15:00 搭乘火車回布拉格

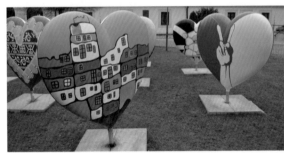
▲歐洲之心,展現出歐洲各地特色

行家祕技 如何從小鎮搭船遊易北河呢?

僅於3~12月開船,隨著越接近夏季班次會越多,春秋時節,約一天兩班,請想要參加的玩家,先查好時間表。
◎開船時間:3月~12月。航線:從Poděbrady到Nymburk,再到Kovanice,然後返回,這一段路被稱為喬治國王的水路行◎航行時間:1小時 $ 220克朗 **http** www.kraljiri.cz **i** 船上設有餐廳

▲此小鎮的溫泉水位於城堡旁,僅於4~10月開放

玩樂篇

波傑布拉迪花園
Lázeňský park

波傑布拉迪花園於1932年與波傑布拉迪火車站一起新建,是一座溫泉公園,公園內也有各種溫泉水管,提供民眾飲用。

✉ nám. T.G.Masaryka, 290 01 Poděbrady ⏱ 30分鐘 MAP P.151

行家祕技 非吃不可的溫泉餅

來到溫泉小鎮,最多人會買的就是溫泉杯(Lázeňský pohárek)以及溫泉餅(Lázeňské oplatky),溫泉杯價格約 150 克朗,溫泉餅的價格約 40 克朗。另外現在已經很少有現做的溫泉餅,如果玩家有遇到現做溫泉餅的小攤販一定要買喔!

▲ 現做的溫泉餅,做法如同可麗餅

波傑布拉迪城堡
Zámek Poděbrady

波傑布拉迪城堡是一座防禦型城堡,也是該地最高的建築。三十年戰爭後此城堡抵禦了多次攻擊,因此殘破不堪,而後又經歷多次重建,一直到16世紀才被哈布斯堡王朝視為文藝復興時代重要的城堡建築。在歐洲許多廣場上都可以看到黑死病紀念柱,讓人們謹記中世紀鼠疫的災難。

黑死病紀念柱通常都設置在重要的經濟或政治地帶的廣場上。波傑布拉迪的黑死病紀念柱也不例外,此廣場也是小鎮的經濟中心。

✉ Jiřího nám. 1/8, Poděbrady I, 290 01 Poděbrady ⏰ 07:00～20:00 💲 20克朗 http www.spa5.cz/en ⏱ 1小時 MAP P.151

▲ 黑死病立柱廣場,是這個小鎮最熱鬧的地方

波傑布拉迪地圖

nám. T.G.Masaryka
nám. T.G.Masar...
stevni
波傑布拉迪花園
Poděbrady park
Flügnerova
Jiráskova
Na Valech
Husova
黑死病立柱廣場
Plague Column
波傑布拉迪城堡
chateau Poděbrady
Palackého
波傑布拉迪搭船處
Přístaviště Poděbrady
易北河(Leba)

▲ 鎮上可看見圓柱體,不是廁所,也不是廣告立柱,而是投幣式的木偶劇場

路線 **3** 中世紀恐怖之巡

庫塔赫拉小鎮(Kutná Hora-Sedlec)

庫塔赫拉小鎮位於捷克東邊約**70**公里，小鎮中的人骨教堂已經是捷克最具指標的觀光景點之一，如果喜歡中世紀恐怖氣氛的玩家一定要來走訪此地。逛完人骨教堂，聖巴巴拉教堂同樣也不能錯過，精細的雕刻與光影設計吸引許多參觀者。庫塔赫拉小鎮早年以開挖銀礦聞名，因此不難看出小鎮的精緻以及曾經繁華過的景象。因為與波傑布拉迪距離很近，自駕遊的玩家也可以將兩個小鎮串聯在一起遊玩，規畫布拉格郊區小鎮一日遊。

交通方式 搭火車前往Kutná Hora-Sedlec，抵達庫塔赫拉中央火車站(Kutná Hora hl.n.)換車至Kutná Hora-Sedlec，下車後大約走6分鐘抵達人骨教堂，或是玩家也可以直接從中央火車站走約15分鐘抵達人骨教堂。從人骨教堂到聖巴巴拉教堂可以搭火車到Kutná Hora město，但車班為1小時1班，玩家需留意乘車時間。

http 時刻表請參考IDOS：idos.idnes.cz/vlakyautobusymhdvse/spojeni

行程規畫

11:00 搭乘火車抵達庫塔赫拉	步行 15分鐘 →	11:15 人骨教堂	步行 10分鐘 →	12:00 搭乘火車

搭乘火車從Kutná Hora-Sedlec站到 Kutná Hora mesto → 12:20午餐 (錢幣博物館附近用餐) 步行 10分鐘 → 13:30 銀幣博物館 步行 15分鐘 →

16:00 聖巴巴拉教堂 步行 20分鐘 → 17:00 搭乘火車回布拉格

庫塔赫拉地圖

人骨教堂
Kostnice Sedlec

　　人骨教堂顧名思義就是用人骨所裝飾的教堂，此教堂中約有7萬個死於黑死病或是胡斯戰爭的人骸骨。

　　這裡原先只是一個哥德式的小教堂，但因修道士從耶路撒冷帶回一小塊泥土，使得這個教堂成為中世紀的貴族或皇室埋葬先祖的寶地，隨後又因戰爭或疾病，死亡人口劇增，因而將亡者埋葬於此。百年後修道士在整理此地，發現許多骸骨，於是將骸骨擺放於教堂內，成為著名的人骨教堂。

✉ Zámecká, 284 03 Kutná Hora ⏰ 11～2月09:00～16:00，4～9月08:00～18:00(週日09:00～18:00)，10、3月09:00～17:00 💲 成人90克朗，6～15歲兒童，15～26歲學生，65歲以上老年人60克朗，0～6歲免費。8人以上團體票成人75克朗，6～15兒童，65歲老年人65克朗 http www.ossuary.eu/index.php/en MAP P.152

▲人骨教堂已是捷克最歡迎的景點之一

銀幣博物館
České muzeum stříbra

　　庫塔赫拉盛產銀礦，在中世紀時，這裡相當的繁華，之後隨著銀礦產量不足而衰退。這座銀幣博物館在當時是鑄幣廠，因工人大多來自義大利，又被稱為義大利宮。

　　銀幣博物館還原了過去的榮景，帶領大家進入銀器的世界。此博物館的導覽有兩種，首先會介紹當年人們的生活方式，以及過去各種銀製品；再來是參觀地下銀礦，親身走在狹窄的礦道上，體驗當年礦工的辛勞。

▲銀幣博物館的鑄幣活動需要付費

✉ Barborská 28/9, 284 01 Kutná Hora ⏰ 4、10月09:00～17:00，5、6、9月09:00～18:00，7、8月10:00～18:00，11月10:00～16:00，週一休館 💲 成人170克朗，15～26歲學生，15歲以下孩童120克朗 http www.cms-kh.cz/eng/hradek-exposition ❶ 導覽時間約2.5小時 MAP P.152

聖巴巴拉教堂
Chrám svaté Barbory

　　聖巴巴拉教堂是一座雄偉的哥德式教堂，教堂的建造過程相當不順利，先後遇到胡斯戰爭，還有財政缺乏及設計等問題，使得聖巴巴拉教堂於20世紀才算正式完工，前後花了約500年的時間。聖巴巴拉是礦工的守護神，在入口處，有12尊聖徒迎接，教堂內部有巨大的管風琴，內部有4,000多個風管，相當壯觀。

▲聖巴巴拉教堂建於14世紀，已有700多年的歷史

✉ Barborská, 284 01 Kutná Hora ⏰ 1～2月10:00～16:00，3月10:00～17:00，4～10月09:00～18:00，11～12月10:00～17:00 💲 成人120克朗，15～26歲學生、65歲以上老年人90克朗，6～15歲兒童、行動不方便者50克朗，0～6歲免費 MAP P.152

捷克有超多讓人少女心溫漾的小鎮，特奇就是其中一個。這座小鎮於**1992**年被列入世界文化遺產，特奇四周被烏利斯基(Ulický Rybnik)和斯坦普尼斯基(Stepnický Rybnik)小湖圍繞，因此賞湖也是旅遊特奇必做的行程。

交通方式 從布拉格巴士總站Florenc搭乘巴士前往特奇，直達車一天只有一班；或是至Jihlava轉車，約1個小時1班車，若從Jihlava轉車大概需要2.5個小時

行程規畫

10:00 搭乘巴士抵達特奇	步行 約10分鐘 →	10:10 薩哈利亞修廣場	12:00 午餐 (薩哈利亞修廣場用餐)	步行 5分鐘 →

14:00 No54醫生之家、No61鎮長之家	步行 5分鐘 →	15:05 欣賞史代普尼茲湖	步行 15分鐘 →	16:30 搭乘巴士回布拉格

▌薩哈利亞修廣場
▌Náměstí Zachariáše z Hradce

　　薩哈利亞修廣場是一個狹長的三角形，廣場四周由巴洛克式彩色排屋圍繞，最早是木造建築，14世紀的一場大火，導致廣場旁的建築全部重建，而改成石頭建築，石頭建築也成了特奇小鎮的特別景觀。

✉ Náměstí Zachariáše z Hradce ⏱ 30分鐘 MAP P.154

▌No.54醫生之家
▌No.54

　　在廣場上你可以發現有兩棟建築與其他房子不同，屋頂採鋸齒狀設計，這是特奇第54和55號房屋。當年建築師從義大利帶來了文藝復興時期的風格，但卻發現冬天下雪的問題，因此設計這些開口能便於從屋頂上除雪，使得這個屋子不僅美觀而且實用。

✉ nám. Zachariáše z Hradce 56 ℹ 在薩哈利亞修廣場上的建築，至今仍為當地居民使用，有些成為紀念品店，有些變成藝廊，建築外觀與內部並沒有一定的關聯 MAP P.154

特奇地圖

聖雅各教堂● Náměstí Jana Kypty
🍴 Švejk restaurant
No.61號鎮長之家 烏利茲湖 Ulický rybník
📷 No.54 醫生之家
史代普尼茲湖 Štěpnický rybník
Seminářská
新市政廳 ●
Židovská Hradební
📷 薩哈利亞修廣場 Náměstí Zachariáše z Hradce
Na Můstku
Palackého
Na Parkaně
Restaurace U Zachariáše
Krátká Úzká
U Horní brány
Svatoanenská
Hradecká
Tobiášková
9. května
Na Hrázi
Furchova

5 大自然巡禮
波西米亞瑞士國家公園 Bohemian Switzerland

波西米亞瑞士國家公園有著全歐洲最大的天然石拱門Pravčická brána，如果不知道要從哪裡開始爬起，Pravčická brána絕對是最好的選擇。全程大約需耗費1個小時，基本上沒有什麼陡坡，如果要登到最頂端需要門票100克朗，從上面居高臨下的景色非常漂亮。如果覺得意猶未盡，還可以搭火車或是船前往Basteigebiet、Pravčická brána和Basteigebiet堪稱是瑞士國家公園最大的亮點。建議兩處地點都要安排一天的時間，如果之後還要前往Basteigebiet可以選擇在附近住一晚，不建議太陽下山後在山內逗留。

交通方式 由布拉格搭乘火車前往Děčín,,hl.n.，抵達後於2號站站牌換843公車前往。上車時需告知司機下車站為Pravčická brána，單程一人為27克朗，約乘坐20分鐘，上車付款，只接受現金。

行程規畫

11:00 搭乘火車抵達Děčín,,hl.n.車站	步行 5分鐘	11:05 抵達Pravčická brána登山口	搭乘公車843號前往Pravčická brána 20分鐘

11:30 登山	山頂處需買攻頂門票100克朗 登頂約60分鐘	13:00午餐 (Prav ická brána山頂上僅有一家餐廳，可於此用餐)	步行 約15分鐘	15:00 搭乘火車回布拉格

▲瑞士國家公園成為捷克的新興觀光景點

▲砂岩岩層構成的奇石，也是一大看點

▲Pravčická brána上面僅有一家餐廳，大家可以把握機會用餐

來場滑雪之旅吧！

滑雪必備知識

　　歐洲有很多美麗的山巒，每年吸引超過千萬的滑雪客，前來歐洲滑雪，相對於奧地利、義大利的山脈，捷克的山就顯得可愛許多，所以很多初學者喜歡來捷克滑雪，但也並不是所有場地都適合初學者，所以在介紹滑雪場前，玩家們一定要先有充足的滑雪知識，這個知識除了穿著、裝備之外，最重要的是了解自己的體能與技術。

玩樂篇

了解自己的體能與技術

滑雪一般分為單板和雙板,單板較難,雙板較簡單。通常建議學過雙板再來學單板。以下是「雙板」幾個基本程度的自我判斷,因為每個人學習的階段不同,可依照姿勢做判斷。

等級	動作	滑雪場	建議
超級初學者	無法穿著雙板移動	挑選不超過200米滑道的滑雪場	此4個等級,都不建議沒有教練帶而自己上滑道
大膽初學者	可穿著雙板走路、站立		
初學者	可煞車、臥倒後爬起		
第一級	可轉彎		
第二級	可以上藍色的初級滑雪道 (modrá sjezdovka)	■建議挑選不會超過500米滑道的滑雪場,否則體力恐會不足 ■初級滑雪道,坡道斜率在15～25%之間	一定要很有經驗的才能挑戰,在此坡度摔傷易造成骨折
第三級	可以輕鬆來回好幾趟初級滑雪道		
第四級	可以上紅色的中級滑雪道 (červená sjezdovka)	坡道斜率在25～40%之間(45%斜坡已經達垂直90度)	
第五級以上	可以輕鬆來回好幾趟中級滑雪道		

＊因捷克標準的滑雪場沒有最簡單的綠色初級滑道,因此以藍色初級滑道做為初級,所以玩家更要小心選擇滑雪場　＊製表／黃以儒

穿著與裝備

- ■**自備穿著**:防水保暖褲、防風外套、防水保暖手套、一般毛帽。
- ■**推薦店家**:ALPINE PRO、Hervis Sports、INTERSPORT、Decathlon。
- ■**出租設備**:滑雪板、滑雪杖。租借這兩樣基本配備一天大約250克朗。

如何選擇滑雪場

尋找滑雪場

捷克有20幾個主要滑雪區,以山脈為分區,北邊多南邊少。滑雪區域不代表滑雪場,每一個區裡面有許多滑雪場,通常難度等級較高滑雪場會有官網;如果要去小一點的滑雪場,大家可以利用Google Map來搜尋,依據滑道的長度做第一判斷,然後再判斷坡度,這是比較簡單的篩選方式。推薦給大家我親自去過、雪量較多的滑雪場,在復活節前有積雪時都可以滑雪。

滑雪區域(距離布拉格)	初學者滑道	藍色滑道(modrá sjezdovka)
Špindlerův Mlýn (150公里/車程約2小時)	✉ Harmony Club Hotel, Bedřichov 106, 543 51 Špindlerův Mlýn ✉ Snowtubing Park, Horská, 543 51 Špindlerův Mlýn	✉ Špindlerův Mlýn 281 Špindlerův Mlýn, 543 51 Špindlerův Mlýn
Klinovec (160公里/車程約2小時20分)	✉ Resort Novako - Ski and Summer Resort ✉ Ski Center Bublava (Bublava 245, 358 01 Bublava)	✉ Loučná pod Klínovcem 207, 431 91 Loučná pod Klínovcem
Ještěd – Liberec (120公里/車程約1小時30分)	✉ Ještědská 46, Horní Hanychov, 460 08 Liberec	✉ Rokytno 100, 512 45 Rokytnice nad Jizerou
Černá hora – Janské Lázně (150公里/車程約2小時)	✉ Černá hora 145, 542 25 Janské Lázně	✉ Černohorská 265, 542 25 Janské Lázně

＊一般滑雪場開放時間:09:00～16:00　＊夜間滑雪注意事項:光線較差,溫度變得較低,請衡量自己的身體狀況
＊製表／黃以儒

如何搭乘大眾交通前往推薦的滑雪場

初學者滑道

■Ještěd – Liberec

👍 Ještěd – Liberec是因為他的滑雪場離Liberec市區很近，很容易找到超市以及餐廳，對於沒有開車的玩家相對便利。

✉ Ještědská 46, Horní Hanychov, 460 08 Liberec

➡ 在Student Agency網站上購買到Liberec, AN的巴士票(每小時一班車，車程1小時)，由Student Agency的Černý Most站搭乘，到Liberec, AN下車後，下車出搭乘市區輕軌前往Horní Hanychov，下車後步行5分鐘便到滑雪場

滑學學校：

http www.skjested.cz/oddily/ls/sls/cs-cz/sls-uvod
http www.liberecky-kraj.cz/dr-en/10161-ski-school-jested.html

■Špindlerův Mlýn(Harmony Club Hotel)

👍 Špindlerův Mlýn滑雪場是因為他是奧林匹克指定滑雪場，因此滑道種類多。Harmony Club Hotel雖然是飯店，但是滑雪場是對外開放的，非房客也可以使用，這間飯店非常熱門，冬季時需三個月前預訂。

✉ Bedřichov 106, 543 51 Špindlerův Mlýn

➡ 在布拉格地鐵站外的Černý Most巴士站搭乘，到Autobusové nádraží - Špindlerův Mlýn(縮寫：Špindlerův Mlýn,,aut.st.)，車程約兩小時(詳細時刻表請上IDOS查詢)，下車後步行20分鐘便到滑雪場。

滑學學校：

http www.skolmax.cz
http www.snowtubingpark.cz/lyzarska-skola

■Špindlerův Mlýn(Snowtubing Park)

👍 Špindlerův Mlýn滑雪場是因為他是奧林匹克指定滑雪場，因此滑道種類多。

✉ Horská, 543 51 Špindlerův Mlýn

➡ 在布拉格地鐵站外的Černý Most巴士站搭乘，到Autobusové nádraží - Špindlerův Mlýn(縮寫：Špindlerův Mlýn,,aut.st.)，車程約兩小時(詳細時刻表請上IDOS查詢)，Snowtubing Park位於山腳下，大約步行10分鐘

藍色滑道

■Špindlerův Mlýn(Ski Špindlerův Mlýn)

建議初級玩家購買單趟票券(250克朗)，非專業級玩家不建議購買一日票(890克朗)。

✉ Špindlerův Mlýn 281 Špindlerův Mlýn, 543 51 Špindlerův Mlýn

➡ 在布拉格地鐵站外的Černý Most巴士站搭乘，到Autobusové nádraží - Špindlerův Mlýn(縮寫：Špindlerův Mlýn,,aut.st.)，車程約兩小時(詳細時刻表請上IDOS查詢)，下車後步行15分鐘便到滑雪場。

Hrad 城堡	**Muzeum** 博物館
Náměstí 廣場	**Mapa** 地圖

Nemohu najít poštu. Pomohl mi pomoc?
我找不到郵局，可以幫我嗎？

Jak dlouho to trvá?
多久能到？

Zahni doprava
右轉

Prosim vas, kde je toaleta?
請問洗手間在哪裡？

Zahni doleva
左轉

Jdi zpátky
回頭

Jděte rovně
直走

Turistické informace
遊客中心

Záchod
洗手間

Máte mapu města?
你有城市地圖嗎？

Kde je Staroměstské náměstí?
哪裡是舊城廣場？

Vyfotil byste nás prosím?
你可以幫我們拍照嗎？

V kolik hodin otevírají / zavírají v muzeu?
博物館幾點開門/關門？

Kde dostanu jízdenky na autobus / lístky do divadla?
我在哪裡可以買巴士票/戲劇票？

Ztratil(a) jsem se.
我迷路了

Můžete mi ukázat, kde to je na mapě?
你可以告訴我，我在地圖的哪個方向嗎？

Jak se dostanu zastávku metra?
我要怎麼到地鐵站？

通訊篇
Communcation

在捷克要怎麼打電話、上網、寄信？

現今如果沒有網路可能是人們最大的麻煩，我們可以透過網路查地圖、查餐廳、查資料，最好能夠在開始旅行前，就把網路準備好，不僅旅遊方便，也可以減少一些麻煩，本篇將一一為你介紹，最便利的資訊。

打電話

11～4月台灣與捷克有7個小時時差,打電話時請注意時間。

從台灣打電話到捷克
台灣國際冠碼+捷克國碼+區域號碼+用戶電話號碼

	台灣國際冠碼	捷克國碼	用戶電話號碼	範例
從台灣打到捷克(市話與手機)	002/009	420	233-320-606 (以捷克代表處為例)	(002)420-223-320-606

從捷克打電話到其他國家
捷克國際冠碼+該國國碼+區域號碼 (去0)+用戶電話號碼

	捷克國際冠碼	該國國碼	用戶電話號碼(去0)	範例
從捷克打台灣市話	00	886	(2)-234-829-99 (以外交部為例)	(00)886-2-234-829-99
從捷克打台灣手機	00	886	0912-345-678	(00)886-912-345-678
從捷克打到奧地利	00	43	(01)-2124720 (以駐奧地利台北經濟文化代表處為例)	(00)43-1-212-472-0

在捷克打當地電話
直接撥打捷克用戶號碼即可,不需要再加國碼

通訊篇

購買當地SIM卡

到了捷克可以直接在當地的電信門市購買SIM卡(預付卡),並記得請門市人員開卡。

捷克電信公司

捷克當地市占率較高的電信公司分別為:O2、Vodafone、T-mobile,其中Vodafone於機場第二航廈設有門市,非常方便玩家辦理SIM卡,其餘的電信公司可以在各大百貨商店裡找到,或是可以在瓦茨拉夫廣場或市中心捷運站出口附近搜尋。

捷克SIM卡介紹

購買捷克的SIM卡可以比較各家公司的優惠活動,或是以購買便利性為主。現今歐盟已打破電信的疆界,不再收取漫遊費用,若是購買捷克SIM卡,於歐盟內撥打捷克電話免費,但若撥打非捷克門號,依然以當地收費情況收費。網路數據可以在歐盟國家內使用,不會多收取費用。

▲超市也可以買到SIM卡

各電信公司的30天預付卡方案

電信公司	費用(克朗)	該電信	網路數據	簡訊費用
O2方案一	150	網內互打免費 網外每分鐘4.9克朗	無	每則1.9克朗
O2方案二	150	電話費一律4.9克朗	500MB	
Vodafone	200	每分鐘3.5克朗	額外收費100MB/49克朗,30天後取消	
T-mobile	200	網內互打免費 網外每分鐘3.9克朗	100 MB	

＊製表／黃以儒

上網

T-mobile的價錢通常比較便宜,Vodafone在機場有據點。

捷克的免費網路相當方便,如果沒有購買當地SIM卡,也沒有帶國際網路卡的玩家,需要上網時可以在以下地點使用免費網路,或是標註有Free Wi-Fi的地方使用。

地點	上網限制
火車站／火車上(部分)	免費上網,需同意用戶條規
連鎖速食餐廳(如麥當勞、KFC、漢堡王等)	免費上網,需同意用戶條規
捷克當地速食餐廳Bageterie Boulevard	免費上網,需同意用戶條規
星巴克、COSTA	免費上網,需同意用戶條規
一般餐廳	通常需要密碼
飯店、Hostel	通常需要密碼
百貨公司	免費上網,部分百貨公司需要填寫用戶資料

＊製表／黃以儒

郵寄

寄包裹回台灣需時一個月。

寄信

　　捷克的郵局為Česká pošta，在大街小巷都可以看到這個標記，郵筒更是處處可見。由捷克寄往亞洲區，目前郵票約41克朗，但幾乎年年漲價，玩家到了郵局可以再次詢問。明信片可以在書局Luxor購買，價錢公道，如果有國際學生證還可以打9折，書局內也可以購買郵票，若是一併購買，就不用再跑一趟。

▲ 捷克郵筒是橘色的，相當顯目。左右口無區分都相同。

郵寄物品

　　現在不少人會購買廉價機票到布拉格玩，廉價航空雖然機票便宜但多半沒有附行李託運，也有人不小心買超過行李重量，在此提供玩家一個解決的辦法——郵寄運輸。

如何填寫包裹單

　　填寫包裹單時，若沒有箱子，可以到郵局購買紙箱，最大的紙箱為50x40x30公分，價錢為49克朗。箱子的重量依規定不能超過30公斤，以免人員搬運時受傷。

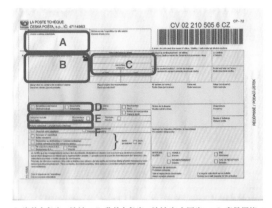

A.寄件人名字＋地址 / B.收件人名字＋地址(包含國家) / C.商品價格 / D.物品類別(販賣性商品、文件、禮物、一般性商品) / E.寄件方式(一般經濟、快捷) / F.寄件人商品受損時處理方式 / G.簽名與日期 / H.商品追蹤號碼

如何估價

　　可以在寄送商品前，上捷克郵局的網站進行估價。通常10公斤在無保險費的情況，運費為500克朗，運送時間為1個月，若需要1個星期送達的急件，價錢約2,500克朗。

http www.postaonline.cz/en/kalkulacka-postovneho

通訊篇

A.送達目的國家 / B.重量 / C.公斤或克 / D.保險，商品價值 / E.是否需要確認郵件 / F.計算

如何事後追蹤貨品

一般來說郵寄至台灣需一個月左右的時間，玩家也可以利用線上系統，調查商品運送進度。

🌐 www.postaonline.cz/en/trackandtrace

如何到郵局抽取號碼牌

現在觀光區的抽取號碼牌的顯示板多半有英文或是圖示操作，但大多數的郵局依然以傳統的捷克語抽號碼牌為主，因此挑選部分作介紹。

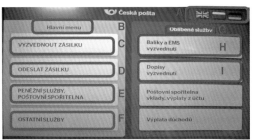

A.語言 / B.主選單 / C.取件 / D.寄件 / E.儲蓄 / F.其他服務 / G.熱門服務 / H.收取包裹 / I.取信

若需要購買郵票的玩家，可以點選「其他服務」，就可以看到購買郵票的選項。

J.其他服務 / K.購買郵票

捷克語指指點點 通訊篇

Odesílatele 寄件人	Adresáta 收件人	Jméno a adresa 姓名和地址

Včetně země určení 目的地國家	Zboží 商品	Dárek 禮物	Balíku 包裹

Document 文件	Datum a podpis 日期與簽名	Chtěl(a) bych koupit internet sim kartu. 我想要買可以上網的SIM卡。

Prosím vás, kolik je wifi heslo? 請問Wi-Fi密碼多少？	Potřebuju známku do Asie. 我需要寄到亞洲的郵票。

應變篇
Emergency

在捷克發生緊急狀況該怎麼辦？

出門在外，如果遇到突發狀況該怎麼辦，可能身體不舒服或是弄丟東西，因此為了讓旅行順利，本章將告訴你遇到各種緊急狀況該如何處理？

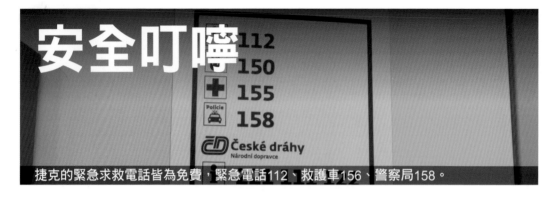

安全叮嚀

> 112
> 150
> ✚ 155
> Policie 🚓 158
> ČD České dráhy
> Národní dopravce

捷克的緊急求救電話皆為免費，緊急電話112、救護車156、警察局158。

旅客對於歐洲國家普遍存有治安疑慮，捷克治安比起義大利或法國雖好上許多，但也依然存在盜竊問題，加上小偷都針對來往的旅客下手，事後也難以追蹤，使得警察力不從心。因此旅客也只能多加留意。

注意事項

在車廂中，若發現有一群人突然擠入，或靠近你，最好立刻往別處車廂移動。

■在餐廳中，不要將手機放在桌上。

■在餐廳中，勿將包包用大衣蓋住，或將包包放在位子後方，或是其他空位上，都容易讓小偷有機可乘。

■不要認為小偷都穿著破爛，通常他們穿著得體，假裝成觀光客。

■陌生人向你問路、募捐，或其他理由接近你，量力而為幫忙，以自身安全為優先。

■錢財不要放在同一個地方。

■使用後背包的人，要注意後背包是否易打開。

■夜間(特別是冬天日照時間短)時女性盡量不要單獨在外行動。

■護照等身分證件必須收好，並且留一份拷貝以備不時之需。

■絕對不要接受陌生人換錢之要求。

▲隨時看緊自己的包包，也要注意隨時物品，尤其在市集或是人多的地方

緊急應對

出國前請先將重要資料備份，一份給家人保管，一份隨身攜帶。

迷路

迷路時可以向警察詢問，在觀光區尤其是舊城廣場都有駐守的警察。也可以向遊客中心詢問。

■舊城廣場遊客中心

✉ Staroměstské nám. 1, Staroměstské nám. 1/4, 110 00 Staré Město

遺失物品

旅遊期間，若護照遺失或失竊，可以向「駐台北代表處」申請補發。若是錢財失竊，記得先行報案。

護照遺失補發步驟

Step 1 報案

旅遊期間若護照遺失或失竊，可以向「駐台北代表處」申請補發。若是錢財失竊，記得先行報案，報案除了希望可以拾獲物品外，也可以藉由報案證明，回台後向保險公司申請補助，所以不要怕麻煩，請玩家遇到此狀況，先去警局報案。

Step 2 準備文件

■報案證明，正、影本各1份
■6個月內2吋半照片2張，直4.5公分且橫3.5公分(不含邊框)，以頭部及肩膀頂端近拍，使人像頭頂至下顎的長度介於3.2～3.6公分(亦即臉部占據整張相片面積的70～80%)
■其他可以證明當事人身分的文件
■填寫護照遺失申報表
🌐 www.roc-taiwan.org/cz/post/97.html

Step 3 申請補發

到台北經濟文化駐捷克代表處辦理。補發護照時間約10個工作天，若還需要到其他國家，請向辦事處說明，可先領取其他替代文件。

台北經濟文化駐捷克代表處

✉ Evropska 2590/33C, 160 00 Praha 6, CZECH REPUBLIC
📞 (00)420-233-320-606
📞 急難救助電話(00)420-603-166-707；使用捷克電話撥打：603-166-707
📞 台灣外交部緊急救助電話(00)886-800-085-095 (24小時)
🕐 受理時間週一～五09:30～ 11:30、13:30～16:30
🌐 www.taiwanembassy.org/CZ

信用卡遺失

不同信用卡公司對於卡片遺失的處理方式有所不同，出國前可以預先問一下持卡公司。當信用卡遺失時，請立刻聯繫信用卡公司，先將信用卡暫停，以免遭到盜刷。可用手機或是用Skype網路電話撥打。不要忘了向捷克當地警察局報案，以作為掛失信用卡證明，或是有保險者，也可以向保險公司申請賠償。

舊城區警察局

🌐 Bartolomějská 347/14, 110 00 Staré Město

☎ 警察局緊急電話158

信用卡及現金遺失

若不幸身上的錢用完了，錢包也被偷了，千萬不要慌張，提供玩家「西聯匯款」及「緊急替代卡服務」兩個方法，解決這個問題。

貼心 小提醒

如果信用卡跟手機都被偷了，如何掛失？

玩家可以向店家或是住宿的旅館借電話，直接打當地免付費的VisaMaster或American Expree的求助電話，再經由該公司幫你轉接到台灣。信用卡公司會詢問發卡銀行的英文名稱，所以請玩家記下來，以免無法告知銀行名稱。轉接時會需要一點時間，但之後就會由台灣行員用中文協助，所以請冷靜求助與等待。以下提供使用捷克當地電話撥打的方式：

■ 捷克Visa緊急聯絡電話 ☎ 800-142-121、(00) 420-224-125-353、(00)1-800-847-2911
■ 捷克Master緊急聯絡電話 ☎ 800-142-494、(00)420-222-412-230
■ 捷克American Express緊急聯絡電話 ☎ (00) -420-222-800-111

西聯匯款

 Step ## 請家人匯款

請家人透過西聯匯款匯到指定服務地點。若在布拉格可以去郵局取款，較安全。匯款後告知MTCN收款密碼。

請注意 西聯匯款手續費高，依照金額多寡計算，1,000美元約55美金，若非急需盡量不要使用。

西聯匯款網站 🌐 business.westernunion.com/zh-hk
西聯匯款服務地點查詢 🌐 locations.westernunion. com/search/czechia/prague

 Step ## 攜帶好文件收款

■ 發款人姓名
■ 預計金額
■ 發款人的國家
■ MTCN收款密碼(由發款人提供)
■ 一組安全性問題和答案 (由發款人提供)
■ 提款人的護照及身分證件(除非被盜，郵局會另外讓你填寫其他聲明)

捷克郵局西聯服務相關網站

🌐 www.ceskaposta.cz(選Services→選Money orders→選International→選Money transfers)

 Step ## 到指定的服務地點取款

緊急替代卡服務

在國外遺失信用卡時，可以在通報掛失時，一併申請「緊急替代卡」，信用卡發卡公司會與Visa公司聯絡，讓你在24～72小時內領到新卡，請向行員詢問如何領到新卡，或是寄送到指定地點領取。緊急替代卡並非每一家銀行都有提供此服務，出發前記得詢問，每一家的規定、收費標準和使用期限也都不同，可以一併詢問。

行家祕技 緊急現金服務

Visa與Mastercard公司都有提供緊急現金服務，雖然金額不多，但效率高，若急需時在辦理掛失以及緊急替代卡服務後，也可以申請緊急現金服務。Mastercard公司在網上的聲明為兩小時內將緊急現金交付於客戶手中。以下提供使用捷克當地電話撥打的方式：

■捷克Visa緊急聯絡電話 ☎800-142-121，(00)420-224-125-353，(00)1-800-847-2911
■捷克Mastercard緊急聯絡電話 ☎800-142-494，(00)420-222-412-230

緊急現金服務可參考：

■**Mastercard** www.mastercard.com.hk(點選持卡人→點選獲取支援→點選信用卡遺失或被盜)
■**Visa** www.visa.com.tw/support/consumer/lost-stolen-card.html#2

生病受傷

如果需要救護車，請撥打156。

當地醫院(Nemocnice)

一般旅客最好前往醫院看急診，到醫院看診時，記得向醫院拿英文診斷書，才可以回台灣時申請健保海外補助。

當地藥局(Lékárna)

在捷克因為看醫生比較麻煩，滿多人會選擇到藥局買藥。到了藥局可以向藥師詢問，購買合適的藥品。捷克最大的連鎖藥局為Dr. Max以及BENU，玩家可以利用網路搜尋離自己最近的藥局。

行家祕技 提供給外國人就醫的醫院

Fakultni nemocnice v Motol
✉ V uvalu 84, Smichov 150 06 Prague 5
☎ 捷克本地電話(00)420-224-433-682、(00)420-224-433-681
☎ 急診電話(00)420-224-438-590-8

Na Homolce Nemocnice
✉ Roentgenova 2, Smichov 150 03 Prague 5
☎ (00)420-257-272-144、(00)420-257-273-289
☎ 急診電話(00)420-257-272-191

Doctor Nonstop service
提供醫生前往住處看診的服務，但服務範圍僅限布拉格及布爾諾。若有生命危急的情況仍請撥捷克救護專線112。
☎ 1231
💲 約2,450克朗以上

Doctor Prague Health Centre Prague, house, hotel calls 24hrs(私人醫院)
提供到府服務，但費用昂貴，約5,000克朗以上，非緊急情況請斟酌使用。
✉ Vodičkova 699/28, 110 00 Nové Město
☎ (00)420-603-433-833、(00)420-603-481-361

▲ 藥局標誌

貼心 小提醒

可以用英語溝通的當地藥局

Lékárna IPC

✉Náměstí Republiky 1078/1, 110 00 Nové Město(位於百貨公司Palladium的地下1樓)

☎(00-420) 224-829-073

24小時藥局

■**Lékárna**

✉Palackého 5, Prague 1

☎(00-420) 224-946-982

■**Lékárny Pharmapoint**

✉Belgická 37, Prague 2

☎(00-420) 222-519-731

■**Hospital Motol**

✉V Úvalu 84, Prague 5

☎(00-420) 224-435-736

自備藥品

旅遊前,請先準備常用的藥品隨時攜帶,如感冒藥、腹瀉、發燒、扭傷、蚊蟲藥等。但若有任何不適,還是要到醫院就醫。

▲捷克當地藥局

尋找廁所

請準備好5或10克朗的零錢,以備上廁所時所需。

在歐洲尋找廁所一直都不是簡單的事情,而且要找到免費廁所更是比登天還難。雖然觀光區會看到付費的流動廁所,但是環境不佳,也有被反鎖的可能。因此還是建議到地鐵站,或是百貨公司及車站內使用。

認識廁所標誌

在捷克多數是以圖示作為男女廁的劃分。若看到標誌寫「Muž」,意即男廁;標誌寫「žena」,意即女廁。玩家可以記得英文的男人是Man,所以男廁是M開頭,反之則是女廁,這樣就不會走錯了。

▶男廁　　　　◀女廁

公共廁所費用

地點	收費	說明
地鐵站	5克朗	不太找錢，請先準備好零錢
火車站	20克朗	以投幣為主，請先準備好零錢
百貨公司	10克朗	不一定要給，主要是自發性捐款為主
城堡區廁所或其他觀光景點廁所	10克朗	即便有買票參觀，捷克觀光景點廁所多半也要付費
速食餐廳、連鎖餐廳	需要密碼或免費	
旅館(Hotel)	免費	使用前先告知

＊資料時有異動，請以官方公布最新資料為主
＊製表／黃以儒

捷克語
指指點點
應變篇

Pomoc! 救命！	Zloděj! 小偷！	Zavolejte policii! 打電話給警察！

Zavolejte sanitku / doktora! 打電話給救護車或醫生！	Je mi špatně. 我身體不舒服

Kde je policejní stanice? 警察局在哪裡	Bolí hlavu 頭痛	Bolí žaludek 胃痛

Jsem nachlazený 我感冒了	Mám horečku 我發燒了	Bolí to tady. 這裡痛

Potřebuji do nemocnice 我需要去醫院	Lékárna? 藥局

Kde si mohu koupit sim? 哪裡可以買到SIM卡？	Kde mohu změnit peníze? 哪裡可以換錢？

救命小紙條 您可以將此表影印，以中文或英文填寫，並妥善保管隨身攜帶！

個人緊急連絡卡
Personal Emergency Contact Information

姓名Name：

年齡Age：

血型Blood Type：

護照號碼Passport No.：

信用卡號碼Credit Card No.：

海外掛失電話Tel：

旅行支票號碼Traveler's Cheque No.：

海外掛失電話Tel.：

緊急聯絡人Emergency Contact：

聯絡電話Tel：

臺灣地址Home Add.：

投宿酒店Hotel：

酒店電話Tel.：

酒店地址Add.：

航空公司名稱Airline：

航空公司電話Tel.：

備註Others：

駐捷克台北代表處緊急聯絡電話

急難救助電話：(00)420-603-166-707，使用捷克電話撥打：603-166-707

領務受理時間：週一～五09:30～11:30，13:30～16:30

外館聯絡電話：(00)420-233-320-606 ，使用捷克電話撥打：603-166-707

外館地址：Evropska 2590/33C, 160 00 Praha 6, CZECH REPUBLIC

填線上回函，送 "好禮"

感謝你購買太雅旅遊書籍！填寫線上讀者回函，
好康多多，並可收到太雅電子報、新書及講座資訊。

每單數月抽10位，送珍藏版「祝福徽章」

方法：掃QR Code，填寫線上讀者回函，
就有機會獲得珍藏版祝福徽章一份。

填修訂情報，就送精選「好書一本」

方法：填寫線上讀者回函，並提供使用本書後的修
訂情報，經查證無誤，就送太雅精選好書一本(書
單詳見回函網站)。

＊同時享有「好康1」的抽獎機會

開始在捷克自助旅行

https://ppt.cc/fpuG5x

＊「好康1」及「好康2」的獲獎名單，我們會
於每單數月的10日公布於太雅部落格與太
雅愛看書粉絲團。

＊活動內容請依回函網站為準。太雅出版社保
留活動修改、變更、終止之權利。

太雅部落格 http://taiya.morningstar.com.tw

有行動力的旅行，從太雅出版社開始

23 太雅 週年慶

發票登錄抽大獎

首獎 澳洲Pacsafe旅遊防盜背包

凡於 **2020/1/1～5/31** 期間購買太雅旅遊書籍(不限品項及數量)
上網登錄發票，即可參加抽獎。

首獎
澳洲Pacsafe旅遊防盜背包 (28L)

RFID晶片
防側錄口袋

專利防盜鎖扣

2名

普獎
BASEUS防摔觸控靈敏之
手機防水袋

顏色
隨機出貨

80名

掃我進入活動頁面
或網址連結 **https://reurl.cc/1Q86aD**

活動時間：2020/01/01～2020/05/31
發票登入截止時間：2020/05/31 23:59
中獎名單公布日：2020/6/15

活動辦法

● 於活動期間內，購買太雅旅遊書籍(不限品項及數量) ，憑該筆購買發票至太雅23周年活動網頁
，填寫個人真實資料，並將購買發票和購買明細拍照上傳，即可參加抽獎。

● 每張發票號碼限登錄乙次，並獲得1次抽獎機會。

● 參與本抽獎之發票須為正本(不得為手開式發票，且照片中的發票須可清楚辨識購買之太雅旅遊
書，確實符合本活動設定之活動期間內，方可參加。

● 若發票存於電子載具，請務必於購買商品時，告知店家印出紙本發票及明細，以便拍照上傳。

＊主辦單位擁有活動最終決定權，如有變更，將公布於活動網頁、太雅部落格及「太雅愛看書」粉絲專頁，恕不另行通知。